U0507166

漫游
意大利

藏羚羊旅行指南编辑部　编著

北京出版集团公司

北京出版社

图书在版编目（CIP）数据

漫游意大利 / 藏羚羊旅行指南编辑部编著 . — 北京：
北京出版社，2016.8
ISBN 978-7-200-12241-1

Ⅰ．①漫… Ⅱ．①藏… Ⅲ．①旅游指南—意大利
Ⅳ．① K954.69

中国版本图书馆 CIP 数据核字（2016）第 139581 号

漫游意大利
MANYOU YIDALI

藏羚羊旅行指南编辑部　编著

＊

北 京 出 版 集 团 公 司
北 京 出 版 社　　出版
（北京北三环中路 6 号）
邮政编码：100120

网　　　　址：www.bph.com.cn
北 京 出 版 集 团 公 司 总 发 行
新 华 书 店 经 销
北 京 天 颖 印 刷 有 限 公 司 印刷

＊

889 毫米 ×1194 毫米　32 开本　7 印张　230 千字
2016 年 8 月第 1 版　2016 年 8 月第 1 次印刷
ISBN 978-7-200-12241-1
定价：39.80 元
如有印装质量问题，由本社负责调换
质量监督电话：010-58572393

前言

　　意大利位于南欧，犹如一只马靴伸入地中海，幅员辽阔的土地上有着多变的地貌，无论是阿尔卑斯山的壮丽，或是托斯卡纳的田园绿意，还是洋溢着南国风情的西西里岛，都让人流连不已。意大利的每座城市都以其独特的魅力吸引着无数游人。在作为历史古都的罗马，可以见证古罗马时期的辉煌。时尚之都米兰虽没有古罗马遗迹，却仍以它的时尚精品引得游客蜂拥而至。欧洲文艺复兴的发源地佛罗伦萨，孕育了但丁、米开朗琪罗、乔托等世界级的大师，穿梭在这座美丽的城市，你会发现到处都洋溢着浓郁的文艺气息，甚至街头的业余表演都值得你驻足观赏。此外，意大利的美食也会给游客带来无数的惊喜，作为美食王国之一，各式的比萨饼、意大利面、海鲜等特色小吃不断诱惑你的味蕾！

　　这本书首先从味觉文化的飨宴——前进美食王国意大利、热闹欢腾——威尼斯嘉年华、融合时空与疆域的辉煌印象——西西里诺曼式建筑3个主题切入，引导读者快速进入意大利的世界。接着为罗马、佛罗伦萨、比萨、威尼斯、米兰等15个分区做了重点介绍。

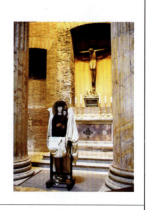

目录

contents

contents

目录
contents

味觉文化
的飨宴

前进美食
王国意大利

世界上可以与中国餐馆在数量与受欢迎程度上并驾齐驱的只有意大利餐馆。意大利比萨饼、意大利面简直就是全球共通的语言。意大利是"吃文化"的强势主流，因为背后有丰富的食材与高超的厨艺支撑着这个令人垂涎的美食帝国，不用味觉你无法体会。

复杂而多样的食物种类 PART 1

　　地理环境的差异性是造成当地招牌菜各异的主因，例如靠海的威尼斯（Venezia）有海鲜汤、腌鳕鱼等鲜美的美食；畜牧农产为主的托斯卡纳（Toscana）地区，则有肥嫩多汁的牛排与独特的青豆意大利面；山丘起伏的翁布里亚（Umbria）则大量使用野生动物的肉烹调，炙烤乳猪、碳烤野兔，加上山野间培养的香料，绝对会让你馋涎一路。

　　意大利各地料理分类繁复，想要——尝遍并不容易，不过如果想对当地美食有概括性的了解，不妨从米兰（Milano）、威尼斯、佛罗伦萨（Firenze）和罗马（Roma）这四座分别代表北、中和南意的标志性城市下手，多少也能一窥此美食王国的精髓。

PART2 翁布里亚地区代表罗马

　　罗马是一个国际大都市，尽管它逐渐失去了应有的传统色彩，不过可别因此失去对翁布里亚地区的兴趣。这里最著名的产品莫过于食物中的黑金——松露（Tartufi），这种珍贵的野生香料被广泛地使用在各种料理上，只要加上一点点就可以让一道家常菜变成珍馐佳肴。除了松露之外，翁布里亚地区的蘑菇也是一绝，而肉类中以猪肉最佳，羊肉也不错，羊奶酪更是最好的。当地盛行以炭烤方式烹调的烤乳猪（Porchetta），绝对让你食指大动，以整只乳猪烘烤，并刷上大蒜与胡椒等调味品，香酥可口。

　　罗马意大利面是罗马地区手制的意大利面条，圆形细长的面条，比一般的扁平意大利面条还要粗一点，这种意大利面通常都是用水煮熟之后，淋上肉酱、黑松露或是番茄酱即可食用，非常有嚼劲。

　　意大利的香肠也相当有名，据说香肠种类之多可以媲美意大利成千上万的乡镇，因为几乎每一个地区都有自己自制的干香肠，如果你对这种腌制的东西感兴趣，不妨到各地的酒吧点来下酒吃吃看。

托斯卡纳地区是意大利文明的发源区，也是意大利菜的根本，这片山峦平缓起伏的碧绿大地盛产橄榄、大麦、葡萄，拥有丰富的资源，因此自古以来就讲究新鲜食材与健康清淡的口味。

分量惊人的佛罗伦萨牛排（Bistecca alla Fiorentina）是以炭火烧烤的丁骨牛排，加上盐、胡椒、橄榄油等简单调味品，其特色在于使用品种优良的白色野牛——契安尼那牛（Chianina），此牛种体型相当庞大，肉质极为细腻，而且胆固醇比一般牛肉低，容易消化。

此外托斯卡纳的意大利面条较为不同，有一种当地特产的尖头梭面（Pinci），可搭配肉酱或酱汁食用，另外还有一种鸡蛋面（Pappardelle），是扁平细长的面条，可搭配野兔肉酱。

基安蒂红酒（Chianti）曾经获得世界葡萄酒的首奖，在技术更新之下，托斯卡纳的红酒更加优异，著名的品牌包括蒙达奇诺·布鲁奈罗（Brunello di Montalcino）、蒙特布恰诺贵族酒（Vino Nobile di Montepulciano），不过，你根本不需要名牌，在任何一家餐厅里，点一壶招牌酒（Housewine）都是珍品。

PART4 伦巴第地区代表米兰

　　伦巴第地区（Lombardia）北部邻接瑞士、德国，因此食物特色与德奥等国类似。米兰北部的科莫（Como）环绕在湖泊之中，这一片辽阔的湖泊区也带来大量的渔获，每年夏天是湖鱼丰收的季节，通常会举办鱼庆典。

　　在意大利，面跟米饭是同等重要的日常食粮，也都是前菜的主要菜色。意大利产米地区以北部的波河河谷为主，因此北方发展出悠长精致的米食文化，其中又以米兰式烩饭（Risotto alla Milanese）为翘楚。此外，意大利北部由磨碎的玉米粉制成的玉米糕（la Polenta）也是主要食物，状似黄色的面团。同样举世闻名的还有米兰蔬菜汤（Minestrone），以多种蔬菜一起熬煮并加上面食，甜点则以掺了葡萄干与水果丁的水果丁面包（Panettone）为主。

由于靠海，威尼斯拥有许多的海鲜类产品，如虾、鳀鱼（Acciughe）、鳕鱼（Baccala）、淡菜等，造就了迥异于意大利其他地区的特色，另外要大力推荐的是冰激凌，香浓可口的冰激凌将会是威尼斯最美丽的回忆。

豌豆浓汤（Risi a Bisi）是威尼斯非常传统的浓汤。特制意大利扁平细面（Bigoli）是地道的威尼斯美食。当地最著名的甜点是提拉米苏（Tiramisu），这种特制的海绵蛋糕吸入浓缩咖啡与甜甜的樱桃酒，上面再洒上带着苦味的可可粉，带有苦甜交杂的味道。据说，一个绝佳的提拉米苏，会让你想起人生的滋味。

威尼斯嘉年华

热闹
欢腾

2 月份的欧洲，没有一个城市可以与威尼斯争锋！从 17 世纪开始，这个节庆已然盛况空前，对当时的人来说，能到威尼斯参加狂欢嘉年华是很奢侈的梦想，因此无论是贵族巨贾还是市井小民无不对这场恣意享乐、神秘艳情、充满异国色彩的活动心怀憧憬。如今即使过了 400 多年，嘉年华依然在威尼斯的水巷间散发着诱人的气息。

关于威尼斯嘉年华的起源，据说是为了庆祝公元 1162 年时威尼斯国（Venezia）战胜乌尔里科（Ulrico）的重要战役，该年，威尼斯笼罩在欢乐无比的胜战氛围里，最大的庆典出现在圣马可广场上，大型的联合舞会在此接连举办。

舞会之盛大与气氛之靡丽辉煌，充分展现出这个小国家当时的繁荣景象。威尼斯虽然仅是蕞尔小国，在当时可是通往中国的重要门户，多少神奇的香料、丝绸、瓷器从这个海港流入。富裕的威尼斯商人把东方的神秘奇想散播到欧洲，而威尼斯本身也成为通往梦想的起点。威尼斯的舞会争奇斗艳，巨贾、贵妇、东方来的大象和牛……聚集在圣马可广场，空前的盛况成为欧洲人百年来的深刻印象。

水上之国的天堂想望

威尼斯这个由 400 多个小岛组成、水道纵横的独特城市，充满着神奇色彩。地理位置的优越让威尼斯易守难攻，数个世纪以来，没有任何军队能攻陷这座城市，加上居民向来以善于通商闻名，大量的财富与安全无虞，让威尼斯的欢乐更加放纵恣意，能一睹威尼斯嘉年华的欢乐场景变成当时的一种梦想，唯有见证过那人间唯一的繁华，才能勾勒对天堂的想象。

17—18 世纪以来，原来仅属于威尼斯人的庆典变成举世皆知的活动，各国人士皆以能参加威尼斯嘉年华为荣，他们一批批地抵达威尼斯，情况仿如现在的观光巴士载来一车车的人潮，对他们而言，这个城市提供的所有活动，例如戏剧表演、广场上的活动秀与斗牛大赛，休息场所的赌博游戏、跳舞、餐宴、游船……都是如此的新鲜有趣。

而这种印象直到今日依旧存在，威尼斯嘉年华前后，这个区域几乎是人满为患，仿佛全欧洲的人潮都涌入其中，威尼斯及其卫星城市梅斯特雷（Mestre）的饭店门口纷纷挂起"客满"（No Vacancy）的字样，圣塔露西亚车站的观光客川流不息。

从斗牛大会到化装大会

嘉年华最万头攒动的地区是圣马可广场，从嘉年华展开的那一刻起，这里就是节庆的重点区域，所有的表演都在此举行，其中过去最具代表性的是斗牛大会，表演活动从每年的 12 月 26 日延续到嘉年华的最后一个星期六。

所谓的斗牛大会是让牛跟猎犬斗，一人拉着牛，另一边让狗对牛挑衅，参加活动的贵族穿上黑色或红色的天鹅绒长裤，披上白色、红色或花色斑斓的披肩，戴上插着三根羽毛的大礼帽，也有人会戴上面具，或化装成特殊的造型。

与其说是一项活动，还不如说是表演，因为会有许多的贵妇与贵族在广场四周的看台上观赏，最重要的贵宾当然是威尼斯执政官及其夫人，此外还常常会有许多欧洲其他地区的王子来访。

　　尽管如今斗牛大会已销声匿迹，但圣马可广场依然具有举足轻重的地位。嘉年华期间，所有通往广场的巷弄都是堵塞的，你甚至只能跟着人群向前走，要想回头更是难上加难。

　　化装大会成了广场上最重要的节目，一批批或是一个个改装过的表演者在广场上顾盼生姿地走着，供大家拍照，接受大家赞赏的眼光，晚上广场中央搭起大型的露天舞台，邀请各国的音乐舞蹈团体演出。

西西里诺曼式建筑
融合时空与疆域的辉煌印象

　　西西里（Sicilia）这座处于地中海十字路口的巨大岛屿，是重要的海上贸易据点，自古以来就因战略地位卓越，而备受各大强权的觊觎，希腊人、罗马人、阿拉伯人、诺曼人、西班牙人、法国波旁王朝等征服者来来去去，即便改朝换代，各民族遗留下来的宗教与文化遗产也几经融合，进而发展出西西里岛属于自己独特的文化，其中又以西西里诺曼式建筑最具特色。

　　所谓的西西里诺曼式建筑（Norman-Sicilian Architecture）指的是一种融合了罗马式建筑格局、伊斯兰式回廊与雕饰，以及拜占庭马赛克镶嵌画的建筑风格，它的诞生跨越了艺术时空与地理疆界，展现了诺曼王朝对于西西里岛上的希腊语系人民以及穆斯林定居者的宽容，而这与海岛独特的历史背景有关，也因此使得西西里岛在诺曼人的统治下，成为拉丁基督教徒、希腊拜占庭以及阿拉伯伊斯兰文化的熔炉。

巴勒莫集其建筑大成

因为巴勒莫（Palermo）是诺曼王朝的首都，也因此该市成为现在保存最多西西里诺曼式建筑的地方，其中最具代表性的建筑是诺曼王宫、巴勒莫大教堂、喜舍乔瓦尼教堂。如果对建筑特别感兴趣，不妨认真参观这座城市。

诺曼王宫 Palazzo dei Normanni
融合拜占庭、伊斯兰教及诺曼风格

这座建筑前身为罗马堡垒，接手的诺曼人选用了手工精巧的阿拉伯和拜占庭工匠，把这个地方改造成一座奢华的王宫，因而建筑集拜占庭、伊斯兰教及诺曼风格于一身，其中的帕拉提纳礼拜堂（Palatina Capplla），主殿由两列花岗岩柱隔开，整座礼拜堂都饰满珍贵的大理石及精美的黄金镶嵌画，至于一旁美丽的阿拉伯礼拜堂，其天花板刻满造型犹如钟乳石的石雕，地上则铺设着大理石拼花地板。

巴勒莫大教堂 Cattedrale
诺曼式建筑代表作

大教堂落成于 1184 年，是诺曼王国创立之后所建的阿拉伯诺曼式建筑，尽管历经时代变迁风格已多有融合，然而教堂后堂那端则是典型的诺曼风格，从建立之初到现在并没有改变太多，只有两座瘦长的塔楼上装饰着许多伊斯兰风格的建筑元素。

喜舍乔瓦尼教堂
San Giovanni degli Eremiti
清真寺改建的教堂

　　12 世纪，喜舍乔瓦尼教堂由罗杰二世（Roger II）下令兴建，红色的圆顶、唤拜塔般的塔楼、金银细丝工般的窗户，特别是围绕着喷泉和柠檬树的美丽回廊，无不展现出西西里诺曼式建筑特有的伊斯兰风情。

拉玛尔特拉纳教堂 La Martorana
融合希腊和阿拉伯风格

　　如果你对诺曼式建筑金碧辉煌的拜占庭式镶嵌画特别钟爱，那么一定得走访贝里尼广场上的拉玛尔特拉纳教堂，它同样落成于罗杰二世任内，以希腊和阿拉伯风格兴建于 12 世纪中叶，今日融合巴洛克风格的面貌是后来整修的结果，不过并未改变内部的主体结构。教堂以希腊十字造型建成，东边有三座半圆形小室直接连接内殿，12 世纪的钟楼有着肋拱状的圆顶和纤细的廊柱。教堂内部无论是主要圆顶还是四周的墙壁，都点缀着 12 世纪的镶嵌画，其中一幅描绘了罗杰二世即将获得耶稣基督加冕的场景。

诺曼教堂 Santa Mariola Nouva
伊斯兰和仿罗马式风格完美融合

　　有时间的人还可以前往巴勒莫近郊的王室山（Monreale），这里的诺曼教堂几乎可说是帕拉提纳礼拜堂的放大版，内部描绘旧约圣经故事的黄金镶嵌画多达 42 幅，教堂外还有一座由 228 根精致柱子构成的回廊，融合了伊斯兰式和仿罗马式风格。

罗马

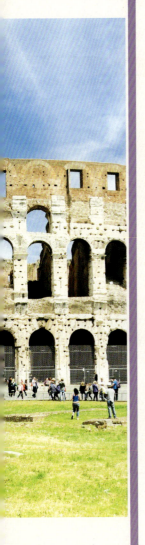

　　相传罗马是由罗莫洛（Romolo）人于公元前 8 世纪中叶，在特韦雷（Tevere）河畔所建。罗莫洛人就是将误中木马之计的特洛伊人于特洛伊城遭攻破之后，带领特洛伊人逃到意大利半岛的英雄埃涅阿斯的后裔。

　　公元前 700 年，罗马被伊特鲁里亚（Etruscan）人占领，建立了议事广场（Foro）及大竞技场（Circo Massimo）。伊特鲁里亚人统治罗马约 200 年后被赶走，罗马进入由两位执政官领导的共和时期。共和时期的罗马依靠军队的力量积极向外扩张，军人效忠的对象是他们的长官而非中央的政客，因此造成日后恺撒的独揽专政，象征罗马进入帝国时代。这些罗马皇帝为夸耀权势而大兴土木，除帝国议事广场外，最美的建筑当属万神殿及古罗马斗兽场。

　　中古时代的罗马，因为蛮族入侵而败亡，天主教势力崛起，东罗马帝国的君士坦丁大帝下令在圣彼得墓地上兴建梵蒂冈，梵蒂冈成为罗马与基督教世界文明的新中心。16 世纪的梵蒂冈富可敌国，修建了无数的教堂、喷泉及纪念碑等，其繁复装饰的极致程度，使罗马成为令人目眩的巴洛克城市。

罗马交通

如何到达——机场至市区交通

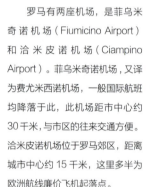

罗马有两座机场，是菲乌米奇诺机场（Fiumicino Airport）和洽米皮诺机场（Ciampino Airport）。菲乌米奇诺机场，又译为费尤米西诺机场，一般国际航班均降落于此，此机场距市中心约30千米，与市区的往来交通方便。洽米皮诺机场位于罗马郊区，距离城市中心约15千米，这里多半为欧洲航线廉价飞机起落点。

莱昂纳多快车

从菲乌米奇诺机场前往市中心最方便的方式是搭乘火车，它与特米尼火车站（Stazione Termini）之间有一班直达的莱昂纳多快车（Leonardo Express），每30分钟一班，需时30分钟。乘客可以在特米尼火车站转搭地铁、巴士和出租车前往其他目的地。车票可在车站内的售票机或售票窗口购得。

🕐 从机场发车6:35-23:35，从火车站发车5:52-22:52，每30分钟一班

💴 14欧元

🌐 www.trenitalia.com

机场巴士

Terravision 巴士

从菲乌米奇诺机场乘坐Terravision巴士到特米尼火车站约40分钟，从洽米皮诺机场乘坐Terravision巴士到特米尼火车站约40分钟。

💴 单程4欧元

🌐 www.terravision.eu

Cotral 巴士

从菲乌米奇诺机场乘坐Cotral巴士到特米尼火车站约1小时。

💴 单程5欧元

🌐 www.cotralspa.it

出租车

从机场搭乘出租车前往市区大约需要30~40分钟的时间，两座机场之间有固定价格的出租车，从菲乌米奇诺机场前往罗马市中心40欧元，从洽米皮诺机场前往罗马市中心30欧元。

如何到达——火车

从意大利各地或是欧洲内陆前往罗马的火车一般都停靠特米尼火车站，此火车站无论换乘地铁还是巴士均相当方便。另外一些连接意大利南北部的城际火车会停靠特韦雷提纳火车站，该火车站可就近衔接 B 线地铁。详细时刻表及票价可上网或至火车站查询，车票可至火车站柜台购买。

意大利国铁网站

🌐 www.trenitalia.com

欧洲国铁网址

🌐 www.raileurope.com

如何到达——巴士

搭乘巴士前往罗马，根据地方不同而有多处停靠点，罗马地区以外发车的巴士最主要的巴士站位于特韦雷提纳火车站旁，其他还有曼莫罗桥站（Ponte Mammolo）、勒班陀（Lepanto）、欧洲菲尔米（EUR Fermi）、阿纳尼纳（Anagnina）等，它们大部分都位于地铁站旁。

市区交通

罗马的大众交通工具（地铁、电车、巴士）共用同一种票券，除地铁限搭一次外，其他交通工具可在有效时间内（75 分钟）相互换乘，成人单程每趟 1 欧元，另有交通周

游券发售，分为 1 日券（4 欧元）、3 日券（11 欧元）及 7 日券（16 欧元）等等。第一次使用周游券时，必须在打卡机上打卡，上面会显示使用的时间。虽然在这里搭乘大众交通工具不一定会设有验票闸口，但是如果被抽查到没买票，会被罚款数倍，千万不要以身试法。

ATAC 大众交通工具洽询处

☎ （06）57003

🕐 周一至周六 8:00-20:00

地铁

罗马有两条地铁分别为贯穿城市的西北、东南向的 A 线以及绕行东岸的 B 线，地铁的班次非常多，但遇到上下班时间几乎挤也不行，通常得等上好几班才上得去，此外由于罗马是意大利最热门的旅游城市之一，因此一年四季涌入的游客也常常让地铁就连平时都大爆满。罗马主要的旅游景点不少位于 A 线，博盖塞美术馆邻近弗拉米尼奥地铁站（Flamino）、西班牙广场邻近西班牙地铁站（Spagna）、巴贝里尼广场邻近巴贝里尼地铁站（Barberini）、共和国广场邻近共和地铁站（Repubblica）等；至于 B 线则抵达两个重量级景点，在 B 线的古罗马斗兽场站（Colosseo）下车，步行可达古罗马斗兽场和帝国议事广场，在马西莫竞技场地铁站下车，步行可达卡拉卡拉浴场。A 线与 B 线这两条地铁在特米尼火车站的同名地铁站交会。地铁的行

驶时间在 5:30-23:30 之间，不过基于治安考虑，一般建议人烟稀少的时间还是少搭地铁为妙。

巴士

在前往万神殿的科隆纳（Colonna）一带，或是那弗纳广场等特韦雷河沿岸的地方，如果你不想以步行的方式前往，可能就得搭乘巴士。罗马的巴士几乎涵盖所有区域，由于路线比较复杂，所以最好随身携带一份巴士交通图，或者直接询问旅馆服务人员前往目的地的路线与需要搭乘的巴士号码，也可以在上车时麻烦司机提醒下车。巴士主要行驶时间在 5:30 至午夜之间，过此时段另有夜间巴士提供服务。

电车

在罗马游玩，搭乘电车的机会并不多，因为当地的电车大多环绕市中心并主要行驶于市郊，其中 3 号可以抵达古罗马斗兽场，19 号可以抵达梵蒂冈。

出租车

在罗马的火车站、威尼斯广场、西班牙广场、人民广场、巴贝里尼广场等游客聚集的地方，都设有出租车招呼站（Fermata dei Taxi），因此叫车方便，你也可以拨打电话叫车，不过车资通常从叫车的那一刻开始计算。车资按表计费，基本起跳价约 3 欧元，之后每次跳表约 0.15 欧元，节日、假日或夜间另有加成费用，另放置行李箱的行李每件收取 1 欧元。

罗马卡

如果你打算参观许多博物馆和古迹，或许可以考虑购买一张罗马卡（Roma Pass），该卡的期限为 3 天，可免费进入前两处博物馆或古迹，适用的景点包括：阿皮亚古道公园、古罗马斗兽场、博盖塞美术馆、罗马国立博物馆等约 40 个博物馆、美术馆、历史遗迹，除免费进入两个景点外，还可享有其他的折扣优惠，并免费搭乘大众交通工具。该卡可在旅游咨询处、地铁站的自动售货机，以及路边的书报烟摊甚至饭店购得。

旅游咨询

意大利国家观光局
🏠 Via Marghera 2/6
☎ （06）49722
🌐 www.italiantourism.com
罗马旅游局
🏠 Via Parigi5
☎ （06）82059127
🕐 周一至周六 9:00-19:00
🌐 www.romaturismo.it
菲乌米奇诺机场游客服务中心
🕐 机场入境大厅 9:00-18:30

精华景点

圣母玛丽亚大教堂 (Santa Maria Maggiore)

🚇 搭地铁 A、B 线于 Termini 站下车，后步行约 10 分钟可达
🏠 Piazza di Santa Maria Maggiore
🕐 7:00-19:00
💴 免费

　　这座架构非常庞大的教堂协调地结合了各种不同的建筑风格，可以说是一部活生生的建筑史。教堂本堂是 15 世纪的风格，内部的长柱与三道长廊建于 5 世纪，是最原始的部分，之后又陆续增修与扩建，1745 年时费迪南多·傅加 (Ferdinando Fuga) 加上了立面，用以保护内层的中世纪艺术品，特别是 14 世纪的马赛克镶嵌画。

　　钟塔高 75 米，是罗马最高的钟塔，虽重建于 14 世纪，但仍保持着罗马中世纪的风格，它的尖顶新建于 16 世纪；天井采用文艺复兴风格，但圆顶则是巴洛克式，斯福尔扎小礼拜堂 (The Capella Sforza) 是米开朗琪罗的设计，由波塔 (Giacomo della Porta) 在 1573 年完成。每年的 8 月 5 日教堂都会举行庆典，当白玫瑰花瓣从天井洒下时，弥撒的气氛达到最高潮。

罗马国立博物馆
(Museo Nazionale Romano)

- 🏠 Largo di Villa Peretti 1
- 🚇 搭地铁 A、B 线于 Termini 站下车，后步行约 3 分钟可达
- ☎ （06）39967700（预约）
- 🕐 周二至周日 9:00-19:00
- ¥ 7 欧元，此票在 3 天内可参观包括马西莫宫（Palazzo Massimo）在内的 4 个属于罗马国立博物馆一部分的戴克里先浴场（Terme di Diocleziano）、巴尔比地窖博物馆（Crypta Balbi）、阿尔坦普斯宫（Palazzo Altemps）
- 🖥 www.roma2000.it

　　罗马国立博物馆包括马西莫宫、阿尔坦普斯宫、戴克里先浴场及巴尔比地窖博物馆。其中马西莫宫收藏了大量的罗马及希腊雕刻艺术、镶嵌画，以及按历代执政官分类的古罗马钱币等等，共有 3 个楼层。1、2 楼展示公元前 2 世纪至公元 5 世纪的雕刻作品，其中奥古斯都皇帝的妻子莉维亚之屋，内部的湿壁画描绘了一座长满各种植物的大花园，非常漂亮。戴克里先浴场于公元 306 年建成，是罗马时代最大的浴场，据称其规模是卡拉卡拉浴场的两倍，最多可同时容纳 3 000 人使用。

天使的圣母玛丽亚教堂
(Santa Maria degli Angeli)

🏠 Piazza della Repubblica Roma
🚇 搭地铁 A 线于 Repubblica 站下车，后步行约 2 分钟可达
☎ （06）4880812
🕐 平日 7:00-18:30，周末和假日 7:00-19:30
🌐 www.santamariadegliangeliroma.it

　　天使的圣母玛丽亚教堂原址是戴克里先浴场（Terme di Diocleziano），3 世纪末成为皇帝的戴克里先兴建了这座超大的公众浴场；16 世纪时教皇庇护四世（Pius Ⅳ）下令在此兴建一座教堂，接下修建工作的是米开朗琪罗，他从 1563 年开始设计并监造教堂的兴建，但直到去世前他仍未看到教堂完工，最后是他的学生杜卡（Jacopo Lo Duca）在 1564 年完成教堂的修建，但内部装饰和地板的设计与先前米开朗琪罗的规划已有些许的出入。

29

维多利亚圣母堂
(Chiesa di Santa Maria della Vittoria)

🏠 Via XX Settembre 17

🚇 搭地铁 A 线于 Repubblica 站下车，后步行约 4 分钟可达

🕐 周一至周六 8:30–12:00、15:30–18:00，周日 15:30–18:00

¥ 免费

维多利亚圣母堂的外观很难令人联想到内部金碧辉煌的模样，然而这间装饰繁复的教堂，却是罗马最美的巴洛克式教堂范例之一。

教堂由一座中殿和左右各三间相通的礼拜堂组成，里头无论是墙壁还是天花板都装饰着满满的大理石、天使雕刻和壁画，其中最著名的是位于主祭坛左侧的科尔纳罗红衣主教礼拜堂 (Chapel of Cardinal Cornaro)，中央由贝尼尼设计的《圣泰瑞莎的法喜》(*the Ecstasy of St. Theresa*) 为镇堂之宝，展现了圣泰瑞莎遭金箭刺穿心脏时陷入狂喜与剧痛时的神态，有着戏剧般的效果。另外位于主殿拱顶的巨幅湿壁画《战胜异端的圣母》由赛瑞尼绘制于 1675 年，描绘了胜利的主题。

共和国广场
(Piazza di Repubblica)

🏠 Piazza della Repubblica
🚌 搭地铁 A 线于 Repubblica 站下车
🕐 全天
💴 免费

　　罗马的特米尼火车站前面有一个很大的广场，这里是公交车总站，又称为五百人广场（Piazzadei Cinquecento），几乎所有罗马市公交车都会从这里发车。穿过广场向前走，不久就会看到共和国广场，这里是一个游览罗马的很好的起点。

　　当地人习惯称呼共和国广场为"Piazza Esedra"，中文意思是半圆形广场，广场中央是知名的仙女喷泉（Fontana delle Naiadi），完成于 1901 年，是相当近代的作品。广场周围的建筑呈半圆形，围绕着这片广场，建筑物的 1 楼楼面很高还有柱廊，店面多半是银行、旅行社和餐厅。

许愿池
(Fontana di Trevi)

🏠 Piazza di Trevi

🚇 搭地铁 A 线在 Barberini 站下车，后步行约 10 分钟可达

必游之地
MUST-VISIT PLACES

　　许愿池是罗马境内最大也最知名的喷泉，这片如舞台般呈现出戏剧效果的雕刻群像喷泉，共花了 312 年才完成。

　　1450 年时，教皇尼古拉五世委托建筑师阿贝蒂（Alberti）重新规划原始的喷泉，不过现在这美轮美奂的结果，则是在 1733 年由罗马建筑师尼古拉·沙维（Nicola Salvi）动工，直到 1762 年由教皇克莱门特八世主持完成开幕仪式，才告正式落成。它是罗马喷泉中比较年轻的一座，然而名气却最为响亮。

　　当你来到这个热门景点的时候，会发现这里有些局促，因为腹地不广，游客只能围着许愿池或坐或站，并没有其他空间可以休憩。这里曾是电影《罗马假日》的场景之一。如果想再来罗马，别忘了背对许愿池，从左肩这边向池中丢一枚硬币吧！

巴贝里尼广场
(Piazza Barberini)

- 🚇 搭地铁 A 线在 Barberini 站下车
- 🔴 巴贝里尼宫国立古代艺术画廊
- 🏠 Via delle Quattro Fontane 13
- ☎ （06）32810
- 🕐 周二至周日 8:30-19:30
- ¥ 全票 5 欧元、半票 2.5 欧元

　　位于广场中央的海神喷泉（Fontanadel Tritone）是贝尼尼在罗马的喷泉杰作，从贝壳中现身的海神吹着海螺，栩栩如生，它是贝尼尼在出身巴贝里尼家族的教皇乌巴诺八世（Urbano Ⅷ）的指示下，完成的作品。广场上还有另一件出自同一创作背景的喷泉，即蜜蜂喷泉（Fontana delle Api），之所以选择蜜蜂，乃因这正是巴贝里尼家族的征章。

　　巴贝里尼宫内部目前为国立古代艺术画廊（Galleria Nazioanle d'Arte Antica di Palazzo Barberini），展示着由私人收藏的 12—18 世纪绘画、家具、意大利陶器、瓷器等作品，中央大厅天井的寓言画则是科尔托纳（Pietro da Cortona）的精彩之作。

人骨教堂
(Santa Maria della Concezione)

🏠 Via Vittorio Veneto 27
🚇 搭地铁 A 线在 Barberini 站下车，后步行约 3 分钟可达
☎ （06）4871185
🕐 9:00–12:00，15:00–18:00
💴 教堂免费，地下墓室捐献 1 欧元

人骨教堂外观以红砖和白色立柱打造而成，内部只有中央祭坛以大理石为材质，尽管装饰着壁画和浅浮雕，然而真正吸引人们前来的并不是教堂，而是地下墓室。

这处名列罗马最恐怖且怪异的景观，由 4 000 位修道士的遗骸装饰而成，出现于 1870 年时。一条狭窄的通道通往 6 处小礼拜堂，沿途和礼拜堂中满是以头颅、手脚骨、脊椎骨等人骨拼贴而成的图案，其中甚至还能看到依旧身着僧袍的骨骸或站或卧地出现于礼拜堂的壁龛中。

上智之座圣母玛丽亚教堂
(Santa Maria Sopra Minerva)

🏠 Piazza della Minerva
🚇 搭地铁 A 线在 Barberini 站下车，后步行约 20 分钟可达
🕐 8:00–19:00

位于万神殿后面的上智之座圣母玛丽亚教堂，是座建于 13 世纪的哥特式教堂，在罗马式、巴洛克式建筑充斥的罗马市区，展现了相当罕见的哥特风。

最值得艺术爱好者注意的是，为早期文兴复兴带来一股清新气息及人文画风的安杰利科修士（Fra Angelico）的陵墓，就在教堂内的小礼拜堂（Frangipane e Maddaleni-Capiferro）内，安杰利科修士一生的创作都在佛罗伦萨，他是在 1455 年死于这座教堂而下葬于此，他在罗马唯一的一件创作，则在教堂内的卡帕尼卡小礼拜堂（Cappella Capranica）。上智之座圣母玛丽亚教堂还是一件历史大事的发生舞台，1633 年时提出天体运行论的伽利略，就是在这里接受审判的。

万神殿 (Pantheon)

🏠 Piazza della Rontonda

🚇 地铁 A 线在 Barberini 站下车，后步行约 20 分钟可达

🕐 周一至周六 8:30-19:30，周日 9:00-18:00

💴 免费

虽然万神殿当初是为了不得罪任何一位神祇而建的，但它的历史价值和建筑艺术已然超过其原始意图。神殿的正面是由高 12.5 米的圆柱所支撑的希腊式门廊，圆形神殿本身的直径与高度全为 43.2 米，而且圆顶内部天花板的镶嵌花格全都向内镂空，以减轻重量，所以大圆顶才能屹立千年。事实上布鲁内雷斯基（Brunelleschi）在佛罗伦萨于 1420—1436 年完成圣母百花大教堂前，万神殿的圆顶一直是世界上最大的圆顶。

公元 609 年时，神殿在教皇卜尼法斯四世（Boniface Ⅳ）的令下改为教堂，被葬于此的除意大利的国王王后外，还有文艺复兴三杰之一的拉斐尔（Raffaello）以及著名画家卡拉奇（Carraci）。

纳沃纳广场 (Piazza Navona)

🏠 Piazza Navona Parione
🚇 搭地铁 A 线在 Barberini 站下车，后步行约 25 分钟可达
🕐 全天
💴 免费

星级推荐

在这处剧场气息浓厚的广场上，随时可见欢乐的人潮。当地人说这附近是罗马的高级住宅区，同时也是罗马巴洛克气氛最浓郁的地区之一，放眼望去皆是巴洛克天才们如贝尼尼（Bernini）、巴洛米尼（Borromini）和波塔（Giacomo della Porta）等人的作品。

纳沃纳广场上布满了巴洛克大师们的杰出创作，广场南端是摩尔人喷泉（Fontana del Moro），中间耸立着一座高大的方尖碑，而它的底部就是著名的四河喷泉（Fontana dei Quattro Fuimi），是特别为了巩固喷泉中央的方尖碑所设计的。

济慈、雪莱纪念馆
(Keats-Shelley House)

⌂ PiazzadiSpagna，26

🚇 搭地铁 A 线于 Spagna 站下车，后步行约 2 分钟可达

☎ （06）6784235

🕐 平日 10:00-13:00、14:00-18:00，周日 11:00-14:00、15:00-18:00

¥ 全票 4 欧元、半票 3 欧元

🌐 www.keats-shelley-house.org

　　纪念馆的外观还保持着济慈到罗马旅行时的样貌，济慈在此度过了生命中的最后几个月，并死于这座纪念馆内。纪念馆内展示的是济慈、雪莱和拜伦的相关文物及手稿，也包括王尔德的创作手稿、华斯华兹的信件，是对浪漫主义文学有兴趣的人必到的朝圣之地。

西班牙广场
(Piazza di Spagna)

🏠 Tridente
🚇 搭地铁 A 线于 Spagna 站下车
🕐 全天
💴 免费

西班牙广场可能是游客最想探访的罗马景点之一。无论是罗马的旅游旺季还是淡季，不管何时来到西班牙广场都可见到满坑满谷的人潮，常常因此而看不清著名的西班牙阶梯（Scalla di Spagna）的全貌；广场上的破船喷泉（Fontana della Barcaccia）也围满了人，想要去试试喷泉清凉的水都得排队。

广场中央的破船喷泉是 16 世纪的作品，由教皇巴贝里尼乌巴诺八世委托贝尼尼所作，为广场增加了欢乐和流动感。西班牙广场的四周是罗马最著名的购物区之一，精品店鳞次栉比，康多提大道和法拉蒂纳大道（Via Frattina）、波尔哥尼奥纳大街（Via Borgognona）都是潮流血拼的最佳地点，由于游客愈来愈多，这条街上的许多商店在假日也会营业。

人民广场
(Piazza del Popolo)

🏠 Tridente nr Piazza Del Popolo

🚍 搭地铁 A 线于 Flamino 站下车，后步行约 1 分钟可达

🕐 全天

¥ 免费

在中世纪时，人民广场是朝圣者和旅行者由北边弗拉米尼亚大街（Via Flaminia）入城的主要入口，教皇西斯托五世（Sixtus V）将埃及方尖碑搬到广场后，形成了现今的广场规模。

位于罗马市区北侧的人民广场，由两个半圆形拼成一座大椭圆形广场。椭圆形的广场是瓦拉迪耶（Valadier）整建的结果，他还建了两道斜坡连接广场和平乔公园（Pincio），广场上另外装饰着两个贝壳状的喷泉。

博盖塞美术馆
(Museoe Galleria Borghese)

🏠 Piazzale del Museo Borghese 5
🚇 搭地铁 A 线于 Flamino 站下车，后步行约 10 分钟可达
☎ （06）8413979
🕐 周二至周日 8:30-19:30，周末和假日 7:00-19:30
💰 全票 8.5 欧元、半票 5.25 欧元
🌐 www.galleriaborghese.it

星级推荐

　　位于市区北部的这片绿地，是散步与骑单车的好去处，1605 年红衣主教希皮奥内•博盖塞（Scipione Borghese）命人设计这处别墅与园区，新古典风格的维纳斯小神殿、人工湖、圆形剧场等，掩藏于树丛之间，精致典雅，而且这位主教同时也是教皇保罗五世最钟爱的侄儿，还是位慷慨的艺术资助者，委托年轻的贝尼尼创作了不少雕刻作品。19 世纪时博盖塞家族的卡密娄王子干脆把家族的艺术收藏品集中起来，在别墅内成立了博盖塞美术馆。

卡比托利欧广场
(Piazza Campidoglio)

🏠 Piazza del Campidoglio
🚇 搭地铁 B 线于 Colosseo 站下车，后步行约 10 ~ 15 分钟可达
🕐 全天
💰 免费

　　卡比托利欧山丘是罗马发源的七大山丘之一，也是主丘（Capitolium），因为在罗马帝国时代，主要神殿建筑都兴建于此丘上，如卡比托利朱庇特神殿（Jupiter Capitolinus）和蒙内塔耶神殿（Monetae），分别位于山丘的西南和丘顶（Arx），在两座神殿之间，即罗穆斯（传说中罗马城建造者）为邻近城镇奔逃至罗马的难民建造的避难所（Asylum），因此卡比托利欧广场的所在地，对于罗马人来说有着极神圣的地位。主丘最重要的振兴工程于 1536 年出自出身法内赛家族的教皇保罗三世（Paul Ⅲ）的令下，教皇决意整建山丘，使它成为一个有纪念意义的广场，他指定米开朗琪罗接下这个工作，米开朗琪罗不负教皇所托，整建后的卡比托利欧广场成为建筑史上杰出的城市重建计划之一。

卡比托利尼博物馆
(Musei Capitolini)

🏠 Piazza del Campidoglio 1
🚇 搭地铁 B 线于 Colosseo 站下车，后步行约 10 ~ 15 分钟可达
🕐 周二至周日 09:00-20:00，12 月 24 日和 12 月 31 日 9:00-14:00
💴 全票 6.5 欧元、半票 4.5 欧元
🖥 www.museicapitolini.org
❗ 特展视个别展览而异。售票至闭馆前一小时，售票处在广场保守宫（Palazzo dei Conservatori）一楼

星级推荐

　　马可士奥略利欧皇帝骑马铜像的真品就存放于新宫（Palazzo Nuovo），不仅如此，远自文艺复兴时期开始，一些优秀的古典雕塑品都被收藏在这个博物馆内。新宫的主要参观点是位于 2 楼的陈列室，这里所收藏的知名雕塑包括古希腊的《掷铁饼的人》（*Discobolus*）、《垂死的高卢人》（*Dying Galatian*）等精彩作品，以及哲人群像厅中的许多古希腊政治家和文学家的肖像。此外，这间被视为最古老的博物馆中还收藏有胸像雕刻，也就是只有上半身的人像雕刻，可以见识到 60 多位古罗马历代统治者的风采。

漫游
意大利

威尼斯广场
(Piazza Venezia)

🚇 搭地铁 B 线于 Colosseo 站下车，后步行约 10 ~ 15 分钟可达
● 维克多埃马努埃莱二世纪念堂
🏠 Piazza Venezia
🕐 9:30-18:00
💴 免费

威尼斯广场上高大的白色大理石建筑维托里奥·埃马努埃莱二世纪念堂（Vittoriano）原起建于 1885 年，由朱塞佩·萨科尼（Giuseppe Sacconi）设计，完成于 1911 年，用来纪念意大利统一后的首位国王。宏伟的阶梯由翼狮和胜利女神铜像护卫，纪念堂上的罗马式高浮雕为安杰罗·泽内利（Angelo Zanelli）所作，位于中央的巨大骑马像就是维托里奥·埃马努埃莱二世国王，是恩里科·基亚拉迪亚（Enrico Chiaradia）的作品。

古罗马广场
(Foro Romano)

🚇 搭地铁 B 线于 Colosseo 站下车，后步行约 5 分钟可达

☎ （06）39967700（订票与信息）

🕐 8:30 至日落前 1 小时

💴 12 欧元（含帕拉提诺之丘、古罗马斗兽场门票）

🌐 www.pierreci.it

星级推荐

　　古罗马帝国的历史几乎都是以石头诉说的，只要是古罗马人统治过的城市都会留下一种经典建筑，那就是议事广场（Foro）。然而帝国时期首都罗马市中心的议事广场则有别于其他城市，它有个特别名称——古罗马广场（Foro Romano），因为它是专属于古罗马人的，当时这些最高尚的文明人在此从事政治、经济与娱乐行为。对这本大部头的"石头书"做更进一步的了解，才会明白古罗马人曾经拥有过的骄傲。

君士坦丁凯旋门
(Arcodi Constantino)

🏠 Piazzadel Colosseo
🚇 搭地铁 B 线于 Colosseo 站下车，后步行约 5 分钟可达
🕐 全天
💰 免费

君士坦丁凯旋门是罗马三座凯旋门中最重要的战争纪念建筑，建于公元 313 年，兴建目的在于纪念君士坦丁大帝（Flavius Valerius Constantinus）于 3 年前的米尔维安桥（Milvian Bridge）一役中打败对手马克森提乌斯（Maxentius），取得唯一罗马皇帝宝座的胜利。

自从罗马帝国被分成东西两大统治区域后，统治国势较强的西部的是戴克里先和由他拔擢的马克西米安努斯（Maximianus）皇帝。戴克里先和马克西米安努斯退位后并未指定任何人接任，但马克西米安努斯的儿子马克森提乌斯却自任为皇帝，这被统治东部帝国的伽列里乌斯（Galerius）和塞维里（Severus）视为叛乱，而兴兵讨伐，不过争战的结果是塞维里战死、伽列里乌斯撤兵后不久也去世了，君士坦丁大帝成为唯一可和马克森提乌斯争夺皇位的人。

君士坦丁大帝是在他的父亲病死后，于公元 306 年被他所带领的军队在高卢拥立为奥古斯都也就是皇帝的，虽然这并不合法也不被帝国当权者所承认，但君士坦丁拒绝妥协。公元 312 年君士坦丁和马克森提乌斯两军交战于罗马北郊的米尔维安桥，君士坦丁以寡敌众，马克森提乌斯和他的军队在试图越过特韦雷河逃亡时，临时桥梁坍塌而全军覆没，君士坦丁大帝的胜利终结了皇位的纷争，罗马帝国再度一统于一位皇帝的治权之下。从古罗马斗兽场所见的凯旋门立面主要雕刻着马可士奥略利欧皇帝与达契安人的战斗场面，另一面则是马可·奥略留及君士坦丁大帝的战绩。

帕拉蒂诺山
(Palatino)

🚇 搭地铁 B 线于 Colosseo 站下车，后步行约 5 分钟可达

☎ （06）39967700

🕐 8:30 至日落前 1 小时

💴 12 欧元（含古罗马广场、古罗马斗兽场门票）

🌐 www.pierreci.it

　　紧邻古罗马广场南侧，这座罗马 7 座山丘中最著名的帕拉蒂诺山，一般推测为当初罗马创城的所在地，也因此保留了许多最古老的罗马遗址。特别是在共和时期，这里成了罗马境内最炙手可热的地区，到了帝国时期，就连历任罗马统治者也喜欢在此兴建宫殿，也因此意大利文中的"宫殿"（Palazzo）便是从"Palatino"转变而来。

　　如今在这片辽阔的遗址区中，有几处古迹格外引人注目。弗拉维亚宫（Domus Flavia），在公元 3 世纪末以前，一直都是历任罗马皇帝的住所，不过如今保存下来的部分并不多。奥古斯都宫（Domus Augustana）并不是奥古斯都皇帝的住所，而是许多"奥古斯都"的宅邸，里面包含了专属皇室家族使用的区域，以及面向柱廊中庭的卧室。介于这两座皇宫之间的帕拉蒂诺博物馆（Museo Palatino），里头展示了彩色陶土面具、双耳细颈瓶、6 世纪的花瓶、骨灰瓮、远古聚落模型、小型半身塑像以及马赛克镶嵌画等作品。

　　奥古斯都宫在过去有一座竞技场（Stadio），由图密善（Domitian）兴建，这座令人印象深刻的复合式建筑拥有双层柱廊，配备小型的椭圆形角斗场、体育馆、花园以及观众席等设施，竞赛场本身长 160 米、宽 80 米，一旁毗邻塞普蒂米乌斯·塞维鲁（Septimius Severus）宫殿和浴场。

古罗马斗兽场
(Colosseo)

🚇 搭地铁 B 线于 Colosseo 站下车，后步行约 2 分钟可达

☎ （06）39967700

🕗 8:30 至日落前 1 小时

💴 12 欧元（含古罗马广场、帕拉蒂诺山门票）

🌐 www.pierreci.it

MUST-VISIT PLACES 必游之地

　　这座全世界最大的古罗马遗迹，在罗马帝国最强盛的时期上演着最血腥的斗兽赛，罗马市民如痴如醉的同时，这座大型活动舞台精密地操控着残暴但令人热血沸腾的人兽争战，还有更令人叹为观止的海战，也就是将竞技场灌满水进行水上战斗。今天观众的欢呼声虽已沉寂，但走一趟古罗马斗兽场，仍然不由得对古罗马曾建立过的文明发出惊异之声。

　　古罗马斗兽场的外墙有 4 层，每层设计的拱形门和柱子都不一样，值得细细观赏；由于 5 世纪中期的一场剧烈的地震，受损的古罗马斗兽场被改作防御碉堡使用，文艺复兴时期，更有多位教皇直接将古罗马斗兽场的大理石、外墙石头取走，用做建造桥梁或教堂等建筑的材料，但古罗马斗兽场依然是古罗马时期遗留下最大形的建筑物之一。

帝国议事广场
(Fori Imperiali)

- Via IV Novembre 94
- 搭地铁 B 线于 Colosseo 站下车，后步行约 10 ~ 15 分钟可达
- 周二至周日 9:00-19:00
- 6.5 欧元
- www.capitolium.org

因为古罗马广场不敷帝国时期急速扩张的都市规模与人口使用，公元前 1 世纪到公元 2 世纪的罗马皇帝，便于原广场的北面相继建立自己的议事广场，因此这里一共有 4 座以皇帝为名的议事广场，包括：恺撒 (Cesare)、奥古斯都 (Augusto)、图拉真 (Traiano) 等，统称为"帝国议事广场" (Fori Imperiali)。

在帝国议事广场 15 000 平方米的范围内，恺撒议事广场的兴建年代最早，完成于公元前 46 年，之后每位皇帝都希望能兴建一座以自己为名的公共集会场所。

奥古斯都议事广场完全是奥古斯都理想形象的投射。奥古斯都宣称他的血缘来自战神，战神之子是罗马的创建者罗穆斯，其后代就是恺撒，而奥古斯都·屋大维就是恺撒的养子。

奥古斯都议事广场最主要的建筑就是战神庙，为了彰显奥古斯都一脉相传的荣耀，这里以前厅一连串帝国英雄人物的雕像来展现，前厅廊上采用女神柱像装饰，使得神话传奇色彩更加浓厚。而独权在握的屋大维成为皇帝，即奥古斯都后，也积极鼓动罗马人对他的个人崇拜，因此巨人厅 (Hall of Colossus) 便以一尊巨大的奥古斯都像为中心，同时在广场的中心点也耸立起一尊奥古斯都骑乘四马战车迈向胜利的雕像。

在所有以皇帝为名的议事广场中，以图拉真皇帝所建的图拉真议事广场最大最雄伟，因为图拉真自认是帝国的新创建者，因此议事广场的面积超过前几位皇帝的广场甚多。图拉真议事广场是由来自大马士革的建筑师阿波罗多罗 (Apollodoro) 设计，其间半圆形的图拉真市集 (Mercati Traianei) 包括 150 间商店和办公室，售卖丝、香料及各种蔬果等，想必是当年最繁华热闹的地方。

科斯梅丁圣母教堂
(Chiesa di Santa Maria in Cosmedin)

🏠 Piazza Bocca della Verità
🚇 搭地铁 B 线于 Colosseo 站下车，后步行约 15 分钟可达
🕙 10:00~17:00
¥ 免费

必游之地 MUST-VISIT PLACES

这座藏身于古罗马废墟中的小教堂，非常淳朴，教堂又称"希腊人的圣母教堂"（Santa Maria in Schola Graeca），因为它原是居于罗马的希腊商人的礼拜教堂，也有许多希腊僧侣在此服务，更早的原址应是希腊神祇赫丘利斯的祭坛，而科斯梅丁（Cosmedin）名称的由来，可能和 8 世纪一位富有的捐赠者有关，另一说法是希腊工匠将教堂装饰得极为美丽（Kosmidion）的意思。

最原始的教堂建筑体可能建于 6 世纪，作为帮助穷人的机构，后在 782 年由教皇阿德利安一世（Adrian Ⅰ）重建，成为因无偶像崇拜而遭宗教迫害的拜占庭人的庇护所。在 1084 年日耳曼蛮族掠夺罗马时遭到严重的破坏。

教堂最著名的当属位于入口门廊左手处的真言之口（Bocca della Verità），这面公元前 4 世纪的石雕河神大型面具，原本可能是地下水道的盖子或喷泉的出水口，1632 年被移来教堂中，中古时代时人们相信，说谎者若把手放入面具口中，将会遭到被吞噬的惩罚。

圣彼得镣铐教堂
(San Pietro in Vincoli)

🏠 Piazza di San Pietro in Vincoli, 4a
🚇 搭地铁 B 线于 Cavour 站下车，后步行约 5 分钟可达
🕐 8:00–12:30，15:00–19:00
💴 免费

这座兴建于 7 世纪的教堂，建造目的在于供奉使徒圣彼得被囚禁于耶路撒冷期间所戴的两副手镣脚铐（Miraculous chains）。这镣铐原本被人携往君士坦丁堡，5 世纪时艾乌多西亚女皇寄了其中一副给住在罗马的女儿，她的女儿又转赠给当时的罗马教皇雷欧内一世，并要求教皇兴建教堂加以保存；几年之后，另一副也被送回罗马，据说这副后到的囚具，一送进教堂靠近先前那副，两副手镣脚铐就像磁铁般吸黏在一起，如今它们便一起被安置于祭坛的玻璃柜中。

不过此教堂最著名的是米开朗琪罗为喜爱作战的教皇朱利叶斯二世（Julius Ⅱ）所设计的陵墓（Mausoleo di Giulio Ⅱ），因为工程过于浩大，加上后来米开朗琪罗又被召去为梵蒂冈的西斯廷礼拜堂作壁画，所以只有部分完成，其中位于陵墓中间的摩西像，彰显着大师一贯的力量与美，是文艺复兴的巅峰杰作之一。

除了摩西像外，教堂左翼美丽的 7 世纪马赛克镶嵌画《圣赛巴斯汀》（St. Sebastian），也值得细观，将本堂隔成 3 个空间的22根柱子，采用多利克式而非爱奥尼克柱头，此情况在罗马教堂中相当罕见，根据猜测这些柱子可能来自希腊。

拉泰拉诺的圣乔瓦尼教堂 (San Giovanni in Laterano)

🏠 Piazza San Giovanni in Laterano 4

🚇 搭地铁 A 线 S.Giovanni 站下车，后步行约 2 分钟可达

🕐 7:00－18:30

💰 教堂免费，回廊 2 欧元

以现存的时间数据推算，拉泰拉诺的圣乔瓦尼教堂可能是全世界最古老的教堂。早在 4 世纪初，教皇圣米迪（Melchiade）就曾指示在罗马别墅的废墟上兴建此圣堂，公元 311 年，君士坦丁大帝将落成的教堂送给教皇，因此它的奠基比梵蒂冈的圣彼得教堂要早 12～13 年，可说是罗马的第一座天主教堂，在它的地下更挖掘出公元 2 世纪罗马皇帝马克森提乌斯（Maxentius）的骑兵军营遗迹。

在教皇将根据地迁往法国南部的亚维农（Avignon）之前，历任教皇一直都以拉泰拉诺的圣乔瓦尼教堂为宅邸，教皇从亚维农再迁回罗马后，才住进梵蒂冈。教堂虽建得早，但不断被毁又重建，10 世纪时教堂就曾因地震而近乎全毁，教堂旁边有几座造型不同的洗礼堂，分别建于 13—17 世纪，它们就是最好的历史记录。

目前教堂的样貌是 1650 年所建，当时的教皇英诺森十世（Innocent X）看到教堂有倾倒的可能，便令巴洛米尼大幅整建，教堂的巴洛克风因而压倒性地超过其他年代的建筑要素。

越特韦雷河的圣母大殿
(Basilica di Santa Maria in Trastevere)

🏠 Piazza Santa Maria in Trastevere，14/cVia della Paglia

🚌 可搭乘 44、75、710 号巴士在 Piazza G.Belli 站下车，后步行约 5 分钟可达

🕐 7:30~21:00

💴 免费

　　教堂现在和建于 17 世纪的喷泉和圣卡利斯多宫（Palazzo S.Callisto）紧连，其实它原是 4 世纪时，罗马第一座献给圣母玛丽亚或公开举行弥撒的教堂。现在的建筑建于 1130—1143 年依诺森二世（Innocentius Ⅱ）教皇时，当时就大量运用卡拉卡拉浴场的遗物，13 世纪重新整修老罗马教堂形式的立面，又装饰上美丽的马赛克镶嵌画，以及 3 根历史久远的檐口，而 12 世纪留下的高大钟楼，在顶部装饰着圣母子马赛克画，最吸引众人的目光。教堂入口于 1702 年时由冯塔纳加以修改，加上了 4 尊巴洛克雕像。19 世纪则有一次更大规模的修建，调和了哥特和罗马式风格。

　　教堂内部由八角形的本堂及分布大理石列柱的两翼构成，大理石取自古老的罗马建筑，柱头还是异教女神头像；木造屋顶是 1617 年由多梅尼基诺（Domenichino）所建，《圣母升天》也出自他的笔下；由 12 世纪的马赛克所装饰的祭坛及使徒半圆顶令人叹为观止，半圆顶下的窗间更有六面 1291 年由彼得·卡瓦里尼整修的马赛克画，内容描绘有智能的侍女和没智能的侍女，而圣母就立于其中。

<table>
<tr>
<td rowspan="4">

卡拉卡拉浴场
(Terme di Caracalla)

</td>
<td>🏠 Viadelle Terme di Caracalla 52</td>
</tr>
<tr>
<td>🚇 搭地铁 B 线于 Circo Massimo 站下车，后步行约 5 分钟可达</td>
</tr>
<tr>
<td>🕐 周一 9:00–14:00，周二至周六 9:00 至日落前一小时</td>
</tr>
<tr>
<td>💴 6 欧元</td>
</tr>
</table>

这座帝国时期的大浴场，也称之为"Antoniane"，是由卡拉卡拉皇帝（Caracalla）的父亲塞维里皇帝起建，并于公元 217 年在卡拉卡拉任内完工，直到蛮族哥特人入侵破坏水道为止，大概为公元 537 年，前后共使用约 300 年。

卡拉卡拉浴场不但是古罗马建筑的典型，规模也非常庞大，可容纳约 1 500～1 700 人同时入浴，浴池依水温还分成热水池、温水池、冷水池，可以说是非常有现代三温暖观念的场所。为了源源不断地供应水源和控制水温，浴场工程非常复杂，没有足够的工艺技术无法满足卡拉卡拉浴场的需求。

罗马浴场不仅是罗马人的交际场地，它的建筑也是罗马休闲娱乐类建筑智慧的结晶，到处装饰着雕像，圆顶铺满光彩耀眼的马赛克镶嵌画，地板和墙面则铺上精美瓷砖，建材更是珍贵的大理石。附属设施更是设想周到，有花园、健身房、图书馆、画廊及会议室等，连商店也没有被忘记，浴场内还经常举行运动赛事和剧场表演。

阿皮亚古道公园
(Parco dell'Appia Antica)

🏠 Via Appia Antica

🚇 搭地铁 A 线到 SanGiovanni 站后转搭 218 路巴士，在 Domine Quo Vadis 站下车

☎ （06）5126314

🕐 9:30~17:30（冬天提早于 16:30 关闭）

👆 www.parcoappiaantica.it

● 圣卡利斯多墓窟 **Via Appia Antica 110**

☎ （06）4465610

🕐 8:30~12:00、14:30~17:00，夏季 至 17:30。周三及二月休息

¥ 全票 6 欧元、半票 3 欧元

● 圣赛巴斯蒂亚诺墓窟 **Via Appia Antica 136**

☎ （06）7850350

🕐 周一至周六 8:30~12:00、14:30~17:30。周日及 11 月 15 日—12 月 13 日休息

¥ 全票 6 欧元、半票 3 欧元

👆 www.catacombe.org

● 古罗马水道公园 **via Appia Nuova1092**

☎ （06）39967700

🕐 9:00~16:30

¥ 全票 4 欧元、半票 2 欧元

👆 www.pierreci.it

阿皮亚古道公园占地面积为 35 平方千米，其中包括 6 千米长的阿皮亚古道和整座卡发瑞拉山谷，以及重要的遗迹区拉提纳道 (Via Latina) 和古罗马水道公园 (Villa Quintiliand Aqueduct) 等，不仅有古迹还有差一点因城市扩张而消失的古罗马城郊自然景观。

出了位于古罗马城墙东南方的圣赛巴斯蒂亚诺门 (Porta S. Sebastiano)，便是这条绿意盎然的古道，公元 56 年圣保罗正是沿着这条道路被带往罗马受审。古道两旁林立着古罗马著名家族的古老墓园、家族坟泉，还有基督徒的集体坟场 (Catacombe)，绵延数千米，其中较著名的有圣卡利斯多 (Catacombs of San Callisto)、圣赛巴斯蒂亚诺 (Catacombs of San Sebastiano)、圣多米提拉 (San Domitilla) 3 座，其中规模最大、最庄严的是位于主往何处去教堂 (Domine Quo Vadis) 后的圣卡利斯多墓窟，这些坟场皆位于地下，如迷宫般的窄小通道两旁皆是墓穴，不少墓窟还装饰着美丽的壁画。

圣赛巴斯蒂亚诺门附近的主往何处去教堂，相传是使徒彼得逃离罗马时遇见基督的地方，经基督提点，于是他重回罗马接受殉教的命运。事实上圣彼得最后是被倒钉在十字架上而死的，时间在公元 64 或 65 年，罗马皇帝卡利古拉 (Caligula) 及尼禄在位时。教堂所在位置正是圣彼得遇见基督的地点，在教堂内的地上有两个脚印，据说是基督和圣彼得谈话时所留下的。想要游历整座公园并不容易，最好选定自己的兴趣，或参加由游客服务中心提供的导览行程，如果脚力够好，租单车也是很好的选择。

蒂沃利
(Tivoli)

🚇 搭地铁 B 线于 Ponte Mammolo 站下车，后转搭前往蒂沃利（Lines Cotral Roma-Tivoli）的巴士，埃斯特别墅在 Largo Nazioni Unite 站下，哈德良别墅可要求司机让你在半途下车，或搭乘当地的 CAT4 号巴士在 Largo Garibaldi 站下

❗ 建议先造访埃斯特别墅后，然后在入口搭乘橘色巴士到哈德良别墅，巴士会停在一间酒吧前，从酒吧到哈德良别墅入口走路约 5 分钟；返程时可在原下车的酒吧处搭橘色巴士回到 Ponte Mammolo 地铁站，或再走远些到大一点的主要道路 Via Tiburtina，这里有班次较多的 LILA 巴士回到 Ponte Mammolo 地铁站

● 埃斯特别墅
☎ （0774）312070
🕐 周二至周日以及逢假日的周一 8:30 至日落前 1 小时
💴 全票 6.5 欧元、半票 3.25 欧元
🏠 www.villadestetivoli.info

● 哈德良别墅
☎ （0774）530203
🕐 9:00 至日落前 1 小时
💴 6.5 欧元
🏠 www.villa-adriana.net

位于罗马东北近郊 31 千米的小城蒂沃利（Tivoli），自共和时期以来就一直是罗马贵族喜爱的避暑胜地，由于这里是提布提尼（Tiburtini）山丘群分布区，因此由山上引来水源，创造如诗如画的庭院胜景，是吸引这些皇帝和主教们到此度假的主要原因。

埃斯特别墅 Villad'Este

这里又称为"千泉宫"，是座充满异国风情的度假别墅，16世纪时由红衣主教伊波利多·埃斯特（Ippolitod'Este）所建，他是费拉拉的埃斯特家族第3任公爵与教皇亚历山德拉六世的女儿的孩子，因此背景傲人，更因支持朱力欧三世成为教皇而被提名为蒂沃利的统治者。伊波利多·埃斯特在短暂的居住后发现，这里的气候对其健康颇有帮助，因此决定把原来的方济会修院改建为华丽的度假别墅，以配合他的精致品位。

别墅由受古希腊古罗马艺术熏陶的建筑师与考古学家皮罗李高里奥（Pirro Ligorio）设计，企图把文艺复兴时期艺术家们的理想展现于这片蓊郁的花园里，不过后来由不同时期的大师陆续完成，因此也带有巴洛克的味道。

哈德良别墅 VillaAdriano

位于提布提尼山脚下，与蒂沃利市区相距5千米，是片非常典型的古罗马别墅，它的设计师就是公元117—138年统治着帝国的哈德良皇帝。富有田园风味的建筑灵感，是哈德良皇帝在希腊与埃及长期旅行的结果，因此它不只是皇帝度假的地方，更是其心目中理想城市的缩影。

住在罗马

吉格里奥歌剧院酒店
Giglio Dell Opera Hotel Rome
★★★

🏠 **Via Principe Amedeo 14**
ℹ️ **www.gigliodellopera.it**

　　这家优雅的三星级酒店，距离特米尼火车站步行大约只需 5 分钟，拥有非常便利的交通，四周餐厅、咖啡馆林立，生活机能也很强。客房内除配备电视、空调等现代化设备外，另提供付费无线上网服务。接待柜台旁有一块沙发休息区和一间小酒吧，早餐室则位于地下一楼。

巴西酒店
Brasile Hotel ★★★

🏠 **Via Palestro 13**
☎ **（06）4819486**
ℹ️ **www.hotelbrasile.com**

　　酒店靠近皮亚门（Porta Pia），面对着一片公园绿地。这家三星级酒店，四周有着大大小小的餐厅，地理位置优越。酒店位于一栋 19 世纪末期的建筑，从它狭小的电梯以及不算宽敞的客房多少能瞧出端倪，此外在旅馆一楼的休息室中，可以免费使用 Wi-Fi。

地中海酒店
Hotel Mediterraneo
★★★★

🏠 **Via Cavour 15**
☎ **（06）4884051**
ℹ️ **www.romehotelmediterra neo.it**

　　这家距离特米尼火车站不过步行 3 分钟左右的四星级酒店，拥有绝佳的地理位置，建造于 1938 年的它以欧洲风格设计，受到古迹式建筑的影响，大厅装饰着罗马皇帝的大理石塑像，尽管历经数十年，依旧可以看出昔日的气派。该酒店共有 251 间客房，分散于 10 个楼层，漂亮的早餐室中除了挑高的天花板外，还有雕刻在橡木上的希腊海神崔坦和人鱼的装饰。

丽笙布鲁罗马酒店
Radisson Blu es.Hotel Rome
★★★★★

🏠 Via Filippo Turati 171
☎（06）444841
🌐 www.radissonblu.com/
eshotel-rome

　　如果你是设计型酒店的追随者，那么到罗马来怎么能不去这家酒店瞧瞧。它那以灯光营造出五颜六色的外观非常引人注意，然而进入室内，几根白色的柱子撑起宽敞的大厅，又素净得令人诧异，不过最令人惊喜的是以极简线条勾勒出的舒适客房。

威斯汀罗马精品酒店
The Westin Excelsior
★★★★★

🏠 Via Vittorio Veneto 125
☎（06）47081
🌐 http://www.westinrome.
com/

　　这家罗马著名的五星级酒店深受名人的推崇，创立于1904年，然而至今依旧保持着非常良好的状态，内部装潢富丽堂皇，让人有种身处皇宫的错觉，这里也是电影《甜蜜生活》的拍摄场景之一。

德印格希尔特拉酒店
Hotel d'Inghiterra
★★★★★

🏠 Via Boccadi Leone 14
☎（06）699822
🌐 www.royaldemeure.com

　　这家位于西班牙广场附近康多提大道名店街区中的老酒店，拥有悠久的历史和古色古香的建筑与装潢，令人仿佛回到19世纪，华丽的壁纸配上古董家具，只能以优雅来形容。

罗马波尔托盖西酒店
Hotel Portoghesi Roma
★★★

🏠 Via dei Portoghesi 1
☎（06）6864231
🌐 www.hotelportoghesiro
ma.it

　　这是一家小巧美好的三星级酒店，舒适的客房给人一种在家的感觉，而它位于顶楼的露台则是一处俯瞰罗马旧城风光的好去处，酒店提供上网服务。

吃在罗马

Trimani II Wine Bar

- 🏠 Via Cernaia 37-b
- 🚇 搭地铁 A 线在 Repubblica 站下，步行约 10 分钟可达
- ☎ （06）4469630
- 🕐 11:30-15:00，17:30-00:30

这家葡萄酒吧在当地小有名气，想要品尝意大利葡萄酒的滋味，来这间餐厅准没错，无论是一杯或一瓶，这家店都有上百种的选择，绝对能满足任何族群对于各色葡萄酒的要求。该葡萄酒吧除葡萄酒外也提供意大利面和各色肉类料理，此外还有萨拉米（Salami）等多种下酒菜。因此每当用餐时间，许多当地人，特别是年轻人总三五成群地到这里用餐，品尝美味的葡萄酒。

Pastarito

- 🏠 Via IV Novembre 139/A/B/C
- 🚇 搭地铁 B 线于 Colosseo 站下车，后步行约 15 分钟可达
- ☎ （06）69190472
- 🕐 12:00-24:00
- 🌐 www.pastarito.it

喜欢吃意大利面的游客在这里可以大饱口福。这家店简单的外观、现代的装潢以及热络的用餐气氛，会是你在罗马饱餐一顿的好选择。在这间餐厅里你可以从多达 20 种各种造型、粗细、口味的意大利面条或面饺中做选择。除了意大利面之外，餐厅另有比萨饼、沙拉、炖饭和甜点，每种都分量十足。

Antico Caffè Greco

- 🏠 Via Condotti 86
- 🚇 搭地铁 A 线在 Spagna 站下，后步行约 3 分钟可达
- ☎ （06）6791700

- 🕐 周日及周一 10:30-19:00，周二至周六 9:00-19:30

于 1760 年开张的这家咖啡馆，曾是深受艺术大师们喜爱的聚会场所，其中包括诗人济慈与拜伦、大文豪歌德、布朗宁姐妹、王尔德、乔依斯等，连比才（Bizet）、瓦格纳与李斯特等作曲家，也没有错过这么一处优雅的咖啡馆。咖啡馆今天依然高朋满座，尤其它又位于著名的西班牙广场旁，大批的游客亦慕名而来。

Gli Angeletti

- 🏠 Via dell'Angeletto 3/a
- 🚇 搭地铁 B 线在 Cavour 站下，后步行约 4 分钟可达
- ☎ （06）4743374
- 🕐 12:00-15:00，19:00-24:00

这家餐厅位于山上的圣母小广场（Piazza Madonna dei Monti）旁边，附近还有一座由德拉·波尔塔（Giacomo della Porta）设计于 1588 年的喷泉为伴。既然名为小天使，这家餐厅无论大厅的窗户边或不起眼的小角落，都装饰着一双小翅膀的可爱孩子图案。这里标榜传统的地中海式烹调，不过还加入了主厨个人的创造发明，所以它的菜色就有了些许的变化，但使用的可都是自然地道的食材。

Grand Ristorante ULPIA

- 🏠 Foro Trariano 1/b, 2
- 🚇 搭地铁 B 线于 Colosseo 站下车，后步行约 10～15 分钟可达
- ☎ （06）6789980
- 🕐 4—10 月周一至周六 11:00-

23:00，12 月至次年 3 月周一至周六 10:15–13:00、19:00–23:00
🏠 www.restauranteulpia

这家餐厅的历史相当悠久，创立于 1880 年的它早已为罗马民提供传统的罗马食物，甚至连墨索里尼都是这里的顾客，因此它几乎可说是罗马最古老的餐厅之一。餐厅本身位于一座 17 世纪的宫殿中，除提供正统意式料理外，也有供游客品尝的游客套餐。

La Gallina Bianca

🏠 Via Antonio Rosmini 9
🚇 搭地铁 A、B 线在 Termini 站下，后步行约 5 分钟可达
☎ （06）4743777
🕐 12:00–15:00，19:30–23:30
🏠 www.ristorantidiroma.com

邻近特米尼火车站的这家餐厅，因只提供与鸡相关的食物而得名，它不只是餐厅，同时也是比萨饼屋与烧烤店，而且是暖烘烘的大烤炉就在柜台旁，许多意大利人会来此外带。看着师傅拿着大圆长柄铁铲烤比萨饼的熟练动作，忍不住都要点一块来尝尝。

Il Bacaro Roma

🏠 Via degli Spagnoli 27
🚇 搭地铁 A 线在 Spagna 站下，后步行约 30 分钟可达
☎ （06）6872554
🕐 12:30–15:00，20:00–24:00，周日休息，周六不供应午餐
🏠 www.ilbacaro.com

隐身于小巷转角处的这家店，拥有迷人的门面以及坐落于绿意盎然间的露天座位，餐厅的内部也是小巧的，高高的柜台旁可感受到厨房内沸沸扬扬的工作气氛。虽然只是间小餐厅，端出来的食物却颇为精致。

Ristoranteda Pancrazio

🏠 Piazza del Biscione 92
🚇 搭地铁 A 线于 Barberini 站下，步行约 25 分钟可达
☎ （06）6861246
🕐 12:30–15:00、19:00–

23:00，周三休息
🏠 www.dapancrazio.it

这是一家古意盎然的餐厅，因为它建于拥有两千多年历史的庞贝欧剧院（Teatrodi Pompeo）废墟上，在餐厅的地下室仍能看见这些原始遗迹。由窄小的旋转梯向下，一道道圆拱撑起浓浓的古典风情，最典型的网状砌砖方式依然历历可见。在这种地窖式的空间中用餐，会产生一种与早已消失的罗马帝国时空交错的奇异感觉。而且这里拥有良好的通风设备，并不会令人气闷，只会觉得凉爽宜人。

Buccone

🏠 Via di Ripetta 19/20
🚇 搭地铁 A 线在 Flaminio 站下，步行约 5 分钟可达
☎ （06）3612154
🕐 午餐为周一至周六 12:30–15:00，晚餐为周五、六 19:30–24:00
🏠 www.enotecabuccone.com

走过这家店门口，根本就不会察觉这是一家餐厅，原来这里是酒窖，室内的墙壁全被高达天花板的大木柜占据，琳琅满目的商品当中，除了意大利各地区的葡萄酒之外，还有橄榄油及食品出售。然而酒窖中还是附设了几张桌椅，提供配酒轻食，所以如果只想点清淡又不油腻的菜色，这里会是不错的选择。

Vineriall Chianti

🏠 Via del Lavatore 81/82a
🚇 搭地铁 A 线在 Barberini 站下，后步行约 15 分钟可达
☎ （06）6787550
🕐 12:00–14:30、19:00–23:30，周日休息
🏠 www.vineriailchianti.com

这家位于许愿池附近的餐厅，除美食之外的另一项特点是可以品酒。内部以木头材质的装潢为主，颇有托斯卡纳的地方色彩，菜色虽然以托斯卡纳风味为主，不过总带着些许的罗马特色，满室的葡萄酒可提供最多重又最香醇的选择，还可以点盘地道的托斯卡纳腌肉拼盘，或是奶酪切片来下酒。

购在罗马

Monica Gracia

🏠 Viadelle Carrozze 71
🚇 搭地铁 A 线在 Spagna 站下，后步行约 3 分钟可达
☎ （06）69922443
🕐 10:00-19:30

　　所有经过这家店橱窗的人，都会被里头展示的鞋子给深深吸引，忍不住发出"好可爱"的赞叹声。的确，与其说这是一家鞋店，倒不如说它是一间鞋子的艺廊，一双双色彩缤纷且充满创意的鞋子，或装饰纽扣，或装饰亮片，模样或可爱或华丽，几乎让所有看过的人都忍不住移开目光，而且店内的鞋子除了大人版外，还有小女生的尺寸。

AVC

🏠 Via Frattina141
🚇 搭地铁 A 线在 Spagna 站下，后步行约 2 分钟可达
☎ （06）6790891
🕐 10:00-20:00

　　位于正对西班牙广场的弗拉提娜（Frattina）大道上，这间专门出售女性服饰、皮鞋和皮包等皮件制品的商店，深受当地年轻女性的喜爱。名称来自于设计师（Adriana V.Campanil）的名字缩写，由于她拥有敏感的时尚触觉，也因此在她的作品中即使是以素色系为主，却也能展现不同风情。

c.u.c.i.n.a.

🏠 Via Mario de'fiori 65
🚇 搭地铁 A 线在 Spagna 站下，后步行约 3 分钟可达
☎ （06）6791275
🕐 周一 15:30-19:30，周二至周日 10:00-19:30

　　这家店位于西班牙广场附近的小巷里，店门口白色的墙面上简单地以黑字写着店名，让人联想起无印良品的简约。推门入内，小小的通道深入店中，四周高高的货架上摆满了各式各样的餐具和厨具，可爱的汤匙、素雅的玻璃杯、各种大小颜色的咖啡壶、琳琅满目的桌垫……整间店就像个百宝箱，装满所有厨房和餐厅的所需用品。

Rene Caovilla

🏠 Via Borgognona 10
🚇 搭地铁 A 线在 Spagna 站下，后步行约 5 分钟可达
🕐 周六 10:00–14:00，15:00–19:00
🌐 www.renecaovilla.com

这个品牌的历史可以追溯到 20 世纪初，该意大利家族企业以精致的手工艺著称，打从该品牌出现的第一天，就是以精致的晚宴鞋为主打产品，在 20 年代 70 年代进军时尚圈时，曾和香奈儿等重量级品牌合作过，如今它成立了自己的鞋坊，为全世界肯为爱鞋一掷千金的女性，设计装饰羽毛、缀珠、甚至宝石的奢侈鞋履，也因此赢得英国王室以及戴安娜王妃的青睐。

Sermoneta Gloves

🏠 Piazza di Spagna 61
🚇 搭地铁 A 线在 Spagna 站下，后步行约 3 分钟可达
📞 （06）6791960
🕐 9:30–20:00
🌐 www.sermonetagloves.cz

这是一家手套专卖店，在这里你可以发现颜色多达 50 种的皮手套，无论是中等价位或是高级手套在这里一应俱全，如果货架上没有你中意的样式或颜色，当然也可以量手订制一副。

Il Portone

🏠 Via Delle Cazrrozze 73
🚇 搭地铁 A 线在 Spagna 站下，后步行约 4 分钟可达
📞 （06）6793355
🕐 9:00–23:00
🌐 www.ilportone.com

这家店以"门"为名，是一扇通往衬衫国度的大门。这是一间订制和售卖衬衫的专门店，创立于 1971 年。柜台木格架上整齐排放着衬衫，店内没有太多的装潢，然而却深受知名人士的喜爱，其中包括美国前总统克林顿等，原因就在于合理的价格以及优美的剪裁。你可以选择不同的布料和设计，定做一件专属自己的衬衫，只需要大约 15 个工作日。

Mariando & Gariglio

🏠 Viadel Piedi Marmo21–22
🚇 搭地铁 A 线在 Barberini 站下车，后步行约 15 分钟可达
📞 （06）6990856
🕐 周二至周日 9:00–18:30

这家色彩缤纷的糖果店位于万神殿附近，所有经过的人都会被它橱窗中的摆设所吸引，进而入内一探究竟。Mariando 和 Gariglio 是一对表亲，1850 年时在萨沃伊王室家族的指定下，于都灵创立了一家巧克力工厂。不久后，因为意大利统一的缘故，该巧克力工厂搬到了罗马。这间传承了数代的巧克力店，均以手工生产，此外就连配方也都是从 19 世纪开始沿用至今的。除了巧克力之外，每天该糖果店还会生产 80 种左右各种口味的糖果，深受当地人与游客的喜爱。

佛罗伦萨

　　"花都"佛罗伦萨，市内林立着无数博物馆和教堂，其建筑、陈设的艺术作品，展现出文艺复兴时期最耀眼的辉煌，而这都要归功于美第奇家族。美第奇家族由经商到执政，他们把人文主义的精神贯注于整个佛罗伦萨之中，奖励可以美化俗世的绘画、雕刻、建筑等各种艺术，再现古希腊古罗马精神，形成文艺复兴运动。当时的大师级人物如米开朗琪罗、多那太罗、布鲁内雷斯基、波堤切利等人，都在这股风潮中，留下不朽的艺术作品。

　　美第奇家族统治佛罗伦萨达3世纪之久，这段时期佛罗伦萨可说是欧洲的艺术文化中心，知名的雕刻家、建筑师、画家全都聚集在此。美第奇家族由老科西摩开始成为实质统治者，其他知名的成员还包括伟大的洛伦佐，以及16世纪的科西摩一世。美第奇家族成员虽然不全是英明的统治者，然而他们对艺术创作的支持，使这个家族在艺术历史上占据了重要地位，也让佛罗伦萨成为文艺复兴的殿堂。

佛罗伦萨交通

如何到达——机场至市区交通

火车站机场线

位于比萨的伽利略机场（Aeroporto Galileo Galilei），是托斯卡纳当地的主要机场，不过仍有不少国际班机使用比较小的佩雷托拉机场（Aeroporto Perètola），它位于佛罗伦萨市中心西北方5千米处。伽利略机场位于比萨中央车站以南2千米处，距离佛罗伦萨市中心大约80千米，该车站有直达火车前往佛罗伦萨的新圣母玛丽亚中央车站（Santa Maria Novella），每天6:40-22:20之间共有6班车，车程约80分钟，票价为5.4欧元，伽利略机场和比萨中央车站之间，每30分钟有一班往返巴士，车程只需5分钟。

伽利略机场

 www.pisa-airport.com

Perètola 机场

 www.aeroporto.firenze.it

机场巴士

无论从伽利略机场还是佩雷托拉机场出发，搭乘巴士都是前往佛罗伦萨最方便的方式。Terravision公司提供由伽利略机场开往佛罗伦萨固定班次的巴士，抵达佛罗伦萨的新圣母玛丽亚广场约需70分钟的车程，单程车资为10欧元，发车时间为8:20至次日00:20，大约每70~90分钟发一班车，详细时刻表请上网查询伽利略机场网站交通信息网页或在Terravision官方网站查询。

Arfa 和 Sita 公司则提供从佩雷托拉机场前往佛罗伦萨市中心的 Volainbus 巴士，每天6:00-22:30之间，每 30 分钟发一班车，车程约 25 分钟，单程车资为 4.5 欧元，详细时刻表请上网查询佩雷托拉机场网站交通信息网页，或 Arfa 和 Sita 的官方网站。

Terravision
🌐 www.terravision.eu

Ataf
🌐 www.ataf.net

Sita
🌐 www.sita-on-line.it

出租车

伽利略机场的出租车由比萨出租车合作社（CO.TA.PI）提供服务，招呼站位于航站楼前方，也可以拨打电话叫车：（050）541600，从机场前往比萨市中心需 6～9 欧元。因为直接搭乘出租车前往佛罗伦萨并不划算，所以使用者不多。

佩雷托拉机场的出租车招呼站位于航站前方，另可拨打电话叫车：（055）4242／4390／4499／4798，从机场前往市中心大约需要 15 分钟，车资除基本跳表外（详细计价方式请见下方"市区交通"单元的出租车部分），必须注意的是由机场出发则起跳价约为 6 欧元。

如何到达——火车

从意大利主要城市或是欧洲内陆前往罗马的火车一般都停靠在新圣母玛丽亚车站（Firenze SMN），此火车站无论换乘巴士或出租车均相当方便，该车站距离大教堂不过几个街区，因此几乎可说是位于市中心。部分 IC 火车会停靠位佛罗伦萨东郊的坎普马尔特火车站（Stasione di Campo di Marte），该车站与新圣母玛丽亚车站间有接驳巴士往来。详细火车时刻表及票价可上网或至火车站查询，购票可至火车站柜台购买。

如何到达——巴士

所有前往佛罗伦萨的国际巴士、长途巴士，甚至许多区域的巴士都停靠在新圣母玛丽亚车站前的巴士总站，从这里可以转搭巴士前往其他地方。

市区交通

大众交通票券

佛罗伦萨的大众交通工具包括巴士和电车，不过一般使用巴士的概率较电车要高，巴士车票在有效时间内（70 分钟）可以无限次搭乘，成人单程每趟 1.2 欧元，Biglietto Multiplo 为 4 张单程票，票价为 4.5 欧元；电子票 Carta

Agile 分为两种，可搭乘 10 趟 70 分钟旅程的电子票 Carta Agile 要价 10 欧元，至于 21 趟的则优惠为 20 欧元。另有交通周游券发售，分为 1 日券（5 欧元）和 3 日券（12 欧元）等等。第 1 次使用周游券时，必须在车上的打卡机上打卡，上面会显示使用的时间。虽然在这里搭乘大众交通工具不一定会设有验票闸口，但是如果被抽查到没买票，则罚款数倍。

ATAF 大众交通工具洽询处

🏠 **Piazza Stazione**

🕐 7:00-20:00

🌐 www.ataf.net

巴士

佛罗伦萨的旧市区是个适合徒步观光的地方，除非前往距离较远的米开朗琪罗广场，否则使用巴士的概率可说是非常低。从新圣母玛丽亚教堂前方可搭乘 12 或 13 号公交车前往米开朗琪罗广场。由于巴士上不售卖车票，所以必须在公车站旁的自动售卖机或售票亭，以及香烟摊（Tabacchi）先行购买。

出租车

在佛罗伦萨搭乘出租车同样必须前往出租车招呼站，在新圣母玛丽亚车站以及共和广场等重要景点前方大多设有招呼站，你也可以拨打电话叫车：（050）541600。车资按表计费，基本起跳约 3 欧元，之后每 120 米左右追加 0.1 欧元，节假日或夜间另有起跳价，叫车需另付约 2 欧元的费用，此外放置行李箱的行李每件同样会另外收费。

旅游咨询

佛罗伦萨游客务中心

🏠 **Via Cavour 1/R**

☎ （055）290832

🕐 周一至周六 8:30-18:30，周日 8:30-13:00

🌐 www.firenzeturismo.it

游客服务中心（圣十字广场）

🏠 **Borgo Santa Croce 29/R**

🕐 4—10 月周一至周六 9:00-19:00、周日 9:00-14:00，11 月至次年 3 月周一至周六 9:00-17:00、周日 9:00-14:00

游客服务中心（新圣母玛丽亚车站）

🏠 **Piazza della Stazione 4**

☎ （055）212245

🕐 周一至周六 8:30-19:00，周日 8:30-14:00

精华景点

圣母百花大教堂
(S. Maria del Fiore [Duomo])

- 🏠 via della Canonica，1
- 🚉 从新圣母玛丽亚车站步行前往约 15 分钟
- ☎ （055）2302885
- 🕐 **大教堂**：周一至周三和周五 10:00–17:00，周四和 5–10 月 10:00–15:30，7–9 月 10:00–17:00，其他月份 10:00–16:30，周六 10:00–16:45，周日和其他宗教节日 13:30–16:45
  圆顶：周一至周五 8:30–19:00，周六 8:30–17:40
  圣雷帕拉达教堂遗迹：周一至周三和周五 10:00–17:00，周四同大教堂，周六日 10:00–16:45
  钟楼：8:30–19:30
  洗礼堂：周一至周六 12:15–19:00，周日 8:30–14:00
  大教堂歌剧博物馆：周一至周六 9:00–19:30，周日 9:00–13:45
- 💰 大教堂免费，圆顶 8 欧元，圣雷帕拉达教堂遗迹 3 欧元，钟楼 6 欧元，洗礼堂 4 欧元，大教堂歌剧博物馆 6 欧元
- 💻 www.operaduomo.firenze.it
- ❗ 大教堂在元旦、圣诞节等重大宗教节日另有开放时间，另外圆顶、洗礼堂在某些日子不对外开放，详细情形请上网查询

圣母百花大教堂重建于 5 世纪已然存在的圣雷帕拉达教堂遗址之上，一开始是根据阿诺佛·迪·冈比欧（Arnolfo di Cambio）的设计图建造，他那时也同时监督圣十字教堂及领主广场的建造。

阿诺佛·迪·冈比欧死后又历经几位建筑师接手，最后由建筑大师布鲁内雷斯基（Filippo Brunelleschi）设计了教堂的大圆顶，兴建于 1420 年至 1436 年间。1436 年落成的红色八角形大圆顶为百花大教堂锦上添花。

与教堂正门相对的八角形洗礼堂，外表镶嵌着白绿两色大理石，这座建于 4 世纪的罗马式建筑历史悠久，可能是佛罗伦萨最古老的教堂，因为在圣母百花大教堂尚未出现之前，它曾经担任主教堂的角色。洗礼堂中最脍炙人口的部分，首推出自吉贝蒂（Ghiberti）的设计——描绘《圣经·旧约》的东门，也就是后来因米开朗琪罗的赞叹而被改称为"天堂之门"的铜铸作品，细节之精细被认为是文艺复兴前期的经典作品。

领主广场
(Piazza della Signoria)

🏠 Piazza della Signoria
🚶 从圣母百花大教堂步行前往约 10 分钟
🕐 全天
¥ 免费

位于市政厅旁的领主广场是佛罗伦萨的政治中心，在美第奇家族统治时期，市政厅是他们的府邸，又称为"旧宫"，后来才搬到新宫"碧提宫"，而现在的乌菲兹美术馆则是统治者的办公处，从碧提宫沿着老桥到乌菲兹美术馆，有一条长 1 000 多米的秘密通道，方便让统治者从家中前往办公处。领主广场上复制了许多著名石雕，这些意大利珍贵作品的原件收藏于美术馆且严禁拍照，不过广场上的复制品，可以满足游客拍照的欲望。

美第奇家族的大公科西摩一世骑马青铜像，醒目地耸立于广场的中央。一旁的领主回廊（Loggia della Signoria）由奥卡良（Orcagna）设计于 14 世纪。尽管这里都是复制品，却也历史悠久。第一件《大卫》复制品就放在这里，是 19 世纪的作品，其他许多雕像甚至有 500 年的历史。精工之父切里尼（Cellini）雕塑，砍杀美杜莎的《佩赛欧》（Perseo），是这位大师少见的大型铜雕，非常不同凡响，经多年修复后已重新展现在世人眼前。詹博洛尼亚（Giambologna）以整块大理石雕成的《掠夺沙宾妇女》，紧张的人体曲线使之成为文艺复兴时期的经典。

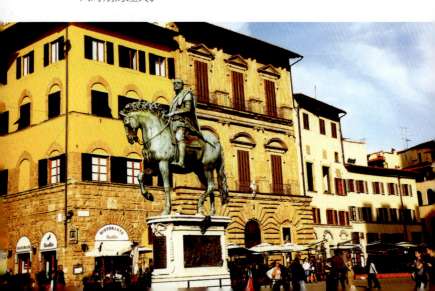

旧宫
(Palazzo Vecchio)

🏠 Piazza della Signoria
🚍 从圣母百花大教堂步行前往约 10 分钟
☎ （055）2768224
🕐 周五至周三 9:00-19:00，周四 9:00-14:00
💴 全票 6 欧元、半票 4.5 欧元
🌐 www.palazzovecchio-museoragazzi.it

必游之地
MUST-VISIT PLACES

由阿诺佛·迪·冈比欧（Arnolfo di Cambio）于13 世纪末设计，是佛罗伦萨中古时代弗里敦邦时期的代表建筑，不过当美第奇家族执政时，御用建筑师瓦萨利（Vasari）将其大幅修改，因此又混合了文艺复兴的风格，现在这里是佛罗伦萨的市政厅。五百人大厅（Salone dei Cinquecento）是旧宫里最值得一看的地方，15 世纪时曾被当作会议厅，整个顶棚满满装饰着出自瓦萨利及其门徒之手的壁画，事实上 1503 年时米开朗琪罗和达·芬奇曾接受委托替大厅墙壁绘制壁画，然而这两人先后因故无法完成其创作，尽管如此，这间大厅依然成为当地文艺复兴艺术的最佳诠释。

乌菲兹美术馆
(Galleria degli Uffizi)

🏠 Loggiata degli Uffizi 6
🚶 从圣母百花大教堂步行前往约 10 分钟
☎ （055）294883（预约专线）
🕐 周二至周日 8:15–18:50
💰 全票 6.5 欧元、半票 3.25 欧元，预约费 4 欧元
🌐 www.firenzemusei.it

MUST-VISIT PLACES 必游之地

　　这幢文艺复兴式建筑是美第奇家族的科西摩一世委托瓦萨利于 1560 年所建的办公室，而 Uffizi 也正是"办公室"的意思。宫廷建筑师瓦萨利把"办公室"设计成沿着长方形广场两翼的长廊，然后再由沿着阿诺河这面的三道圆拱相互连接。科西摩一世的继承者法兰切斯科一世，后来把这里改成家族收藏艺品的展览室，加上后继的大公爵们不断地增购艺术品，使得文艺复兴时期的重要作品几乎全集中在这里。

　　1737 年美第奇的最后一滴血脉安娜·玛丽亚·路得维卡，把家族的收藏全数赠予佛罗伦萨的市民，才有了今天的乌菲兹美术馆。10—14 厅有波堤切利的《春天》（*Spring*）及《维纳斯的诞生》（*the Birth of Venus*），是参观者最多的地方。

巴杰罗美术馆
(Museo Nazionale del Bargello)

📟 从圣母百花大教堂步行前往约 10 分钟
☎ （055）294883（预约专线）
🕐 8:15-14:00
¥ 全票 4 欧元、半票 2 欧元，预约费 3 欧元
🔓 www.firenzemusei.it

星级推荐

　　外观像堡垒的巴杰罗美术馆，建于 1255 年，最初是市政厅，后来变成法院及监狱，当时一楼是刑讯室，中庭是执行死刑处，死者还会被挂在钟楼旁的窗户外面，直到 1780 年彼得大公爵才废除刑囚的工具及绞刑架。

　　巴杰罗美术馆经过装修后，已成为意大利的国家博物馆之一，里面收藏多那太罗及多位 15 世纪佛罗伦萨大师的雕刻品，包括米开朗琪罗的作品，但是这里却要比美术学院陈列馆冷清许多，可以让你静思、慢慢地欣赏。

圣十字教堂
(Basilica di Santa Croce)

🏠 Piazza di Santa Croce
🚶 从圣母百花大教堂步行前往约 20 分钟
☎ （055）244619
🕐 周一至周六 9:00-17:30，周日 13:00-17:30
¥ 5 欧元

星级推荐

　　这座建于 13 世纪末的哥特式教堂，是大多数佛罗伦萨显赫人物的长眠处，包括米开朗琪罗、但丁、彼得拉克、马基雅维里（Machiavelli）、伽利略、多那太罗等。早期的教堂内部是平面的，绘满许多壁画，后来瓦萨利改变了教堂风格，变成现代化的设计，并且盖掉原本的壁画。直到 1966 年那场洪水淹没了教堂，褪去了后来加上的色彩，原始的壁画才得以重见天日。

　　米开朗琪罗的墓出自瓦萨利之手，墓前的女性雕刻分别是建筑家、雕刻家及画家，用以代表米开朗琪罗的身份，最上面的画是米开朗琪罗的代表作《圣殇》（*The Palestrina Pietà*）。伽利略的墓上有楼梯标志，以此代表他加入的丝绸行会，左右两尊女性雕像代表着天文学跟几何学。创作《神曲》的但丁是佛罗伦萨人，但他被佛罗伦萨流放到拉威那，最后并葬在那里，所以教堂里面是空墓，墓前站着的女神代表意大利，而拿花环的女孩代表诗人。

　　教堂内还有珍贵的乔托壁画，而他学生画的壁画协调性则不如乔托本人。在圣器储藏室内有许多的木制柜，中央的木制桌曾经暂放过米开朗琪罗的遗体。继续往前到教堂的中庭有一间巴兹（Pazzi）家族的礼拜堂，这是布鲁内雷斯基的设计，由多那太罗制作细部，是文艺复兴时期的杰作。

圣天使报喜广场
(Piazza della Santissima Annunziata)

🏠 Piazza della Santissima Annunziata
🚇 从圣母百花大教堂步行前往约 10 分钟
🕐 全天
💴 免费

　　这片由布鲁内雷斯基设计的广场，以简单的文艺复兴风格成为其他建筑师模仿的典范，而同名的教堂则是在美第奇家族的赞助下，由米格罗佐于 1444—1481 年重建，不过较引人注目的是东翼的"孤儿院"（Spedale degli Innocenti），由布鲁内雷斯基所建的九道圆拱正面古典大方，其上还装饰着由安德烈亚·德拉·罗比亚（Andrea della Robbia）所做的圆形陶饰《裹着绷带的婴儿》（*Bambini in fasce*），非常值得细细欣赏。

美术学院陈列馆
(Galleria dell' Accademia)

🏠 Via Ricasoli 60r
🚌 从圣母百花大教堂步行前往约 10 分钟
☎ （055）294883（预约专线）
🕐 周二到周日 8:15–18:50
¥ 全票 6.5 欧元、半票 3.25 欧元，预约费 4 欧元
🌐 www.firenzemusei.it
❗ 若想避开拥挤的人潮，最好在 8:00 前到达排队

必游之地
MUST-VISIT PLACES

　　这是设立于 16 世纪中叶，欧洲第一所教授设计、绘画及雕刻的艺术学院。美术馆成立于 1784 年，收购 13—16 世纪的佛罗伦萨画作，原供学生作为模仿之用，其中最重要的首推米开朗琪罗于 29 岁时雕出的巨作《大卫》，这块当年无人敢动刀的大理石，被大师的雕刀化为希伯来英雄，从此奠定了他在美术史上不朽的地位。

　　一进门在美术馆中央是詹博洛尼亚的大理石雕刻《掠夺沙宾妇女》，继续前行就会看到米开朗琪罗四座高大的《奴隶》（*Quattro Prigioni*）雕像，作品人物扭曲而痛苦的表情，据说是作者当时的心情写照；米开朗琪罗的另一作品《圣殇》也在此展出，圣母扶着死亡耶稣垂软的身体，在视觉上像是未完成的粗作，而不是细腻的线条，悲痛之感更深。

　　而一旁陈列室的中央就是有名的《大卫》雕像，这是米开朗琪罗年仅 29 岁时的作品。这尊雕像本来是放在领主广场，1873 年时才移到美术馆里，并在领主广场又复制了一尊《大卫》。

美第奇家族礼拜堂
(Cappelle Medicee)

🏠 Piazza Madonna degli Aldobrandini 6
🚇 从圣母百花大教堂步行前往约 5 分钟
☎ （055）2388602
🕐 8:15–18:00
💴 6 欧元
🌐 www. firenzemusei. it/00_english/
medicee/index.html

必游之地 MUST-VISIT PLACES

　　美第奇家族礼拜堂的"王室祭堂"（Capella dei Principi）中长眠着 6 位美第奇家族的大公爵，多重颜色的大理石镶嵌令人眼花缭乱，墙上还留有大师以铅笔所绘制的草图。新圣器室（Sacrestia Nuova）内的两座石棺上，有米开朗琪罗为美第奇家族所做的雕刻，分别是洛伦佐的孙子乌比诺公爵（Lorenzo Duke of Urbino），以及洛伦佐的儿子朱利亚诺·内穆尔公爵（Giuliano Duke of Nemours），所刻的四尊石雕，分别象征着"白昼""黑夜""黎明"与"黄昏"。

新圣母玛丽亚教堂 (Santa Maria Novella)

- 🏠 Piazza Castello
- 🚌 从圣母百花大教堂步行前往约 10 分钟
- ☎ （02）88463700
- 🕐 周一至周四和周六 9:30-17:00，周五、周日及节日 13:00-17:00
- ¥ 2.5 欧元
- 🌐 www.coordinamentochiesedifirenze.it

　　位于新圣母车站对面，由多明尼各教士于1279—1357 年所建，其高耸的尖塔属于典型的哥特式风格。教堂正面左侧是回廊入口，内部保存的壁画本身就犹如一座博物馆，其中美第奇家族科西摩一世的西班牙籍妻子爱雷欧诺拉（Eleonora di Toledo），与其同国籍的朝臣专用的"西班牙人的大祭堂"（Cappellone degli Spagnoli），描绘有多明尼各教士寓言故事的精彩壁画。

老桥 (Ponte Vecchia)

- 🏠 Ponte Vecchio, Firenze, FI, Italia
- 🚌 从圣母百花大教堂步行前往约 12 分钟
- 🕐 全天
- ¥ 免费

　　这是佛罗伦萨最具特色也最古老的一座桥，罗马时代便已横跨于阿诺河上，是名副其实的"老"桥，此外佛罗伦萨的桥梁都毁于第二次世界大战期间，只剩这座老桥幸存于世。

　　老桥因洪水的多次破坏而于1345 年重建，林立在中古时代建筑风格桥身两侧的金饰珠宝店出现于 16 世纪末，在此之前此地本是屠夫贩肉的聚集之处。美第奇家族认为统治者经过的地方不应该是如此脏乱不堪，而下令在这里只能开设贵重珠宝金饰商店。桥中央的半身雕像是文艺复兴的精工之父切里尼，在此欣赏"老桥落日"可是佛罗伦萨最美的一景。在桥一旁就是秘密通道，内有珍贵的画家自画像，据说画像曾遭窃，现在进入参观则需预约。

碧提宫
(Palazzo Pitti)

🏠 Piazza de' Pitti 1

🚇 从圣母百花大教堂步行前往约 20 分钟

☎ （055）294883

🕐 帕拉提那美术馆、王家住宅、现代艺术美术馆：
周二至周日 8:15–18:50
波波利花园、银器博物馆、瓷器博物馆、服饰博
物馆及巴蒂尼花园（Bardini Garden）：11 月
至次年 2 月 8:15–16:30，3 月 8:15–17:30，4、
5、9、10 月 8:15–18:30，7—8 月 8:15–19:30，
每月第一及最后一个周一休馆

¥ 帕拉提那美术馆、王家住宅、现代艺术美术馆等
8.5 欧元；参观波波利花园、银器博物馆、瓷器
博物馆、服饰博物馆及巴蒂尼花园等 7 欧元

🔗 www.palazzopitti.it

星级推荐

　　这是阿诺河对岸最大的建筑之一，原是 15 世纪中叶由设计圣母百花大教堂红色圆顶的布鲁内雷斯基，为佛罗伦萨的富商路卡碧提（Luca Pitti）所建，如此庞大的规模，为的是与美第奇家族攀比，大型方石砌成的外观，是佛罗伦萨文艺复兴建筑的特色。

　　碧提宫内拥有多座博物馆。帕拉提那美术馆（Galleria Palatina）以美第奇家族 17—18 世纪所收购的文艺复兴与巴洛克艺术作品为主，这里还包括他们当初的起居宅邸；现代艺术美术馆（Galleria d'Arte Moderna）收藏着 1784—1924 年的画作；银器博物馆（Museo degli Argenti）内是美第奇家族的珍玩宝物；服饰博物馆（Galleria del Costume）展示着 18—20 世纪宫廷服装的变化。

　　位于碧提宫后方的波波利花园，依照几何图形种植的植物，隐藏于树丛中的神话人物石雕，还有佛罗伦萨音乐节时使用的露天圆形剧场等，都是精彩的文艺复兴花园典范，记得保留足够的时间欣赏这片偌大的王室殿堂。

圣明尼亚托教堂
(Basilica di San Miniato al Monte)

🏠 Via delle Porte Sante，Firenze

🚌 搭 12、13 号公交车到圣明尼亚托教堂下车

☎ （055）2342731

🕐 教堂冬天 7:00-18:00，夏天 7:00-19:00，博物馆周二至周日 9:00-17:30

💴 免费

　　这座坐落于山上的教堂兴建于 1018 年，据说是圣人圣明尼亚托被敌人砍下头后，用手夹着自己的头走到了今日教堂的所在位置后才倒下，于是诞生了这座教堂。教堂前有许多名人墓穴，其中包括意大利歌剧作曲家普契尼（Puccini）。

　　这座罗马式教堂共分 3 层，目前所见为两层，最下面那层被用来存放棺木。罗马式拱柱位于教堂的最里面，以铁网加以保护，据说里面存放着圣明尼亚托的圣龛，连保护的铁网都有 600 多年的历史了。

　　主祭堂上方的马赛克镶嵌画，画面右边是圣明尼亚托，左边是圣母，耶稣就位于中央，建筑师利用小圆窗透出的光线照在主祭堂内，更突显出镶嵌画的金色光泽。教堂内部可见用牛血画的湿壁画草图，拥有 1 200 年历史的大理石星座图地板也值得一看。一旁有葡萄牙国旗标志的就是葡萄牙红衣主教礼拜堂，这座礼拜堂是布鲁内雷斯基的学生马内提（Antonio Manetti）所建，葡萄牙红衣主教的大理石棺墓是罗塞利诺（Antonio Rossellino）的巨作。这座礼拜堂内的文艺复兴时期作品，更增添了教堂的可看性。

米开朗琪罗广场
(Piazzale Michelangelo)

🏠 Piazzale Michelangelo, Firenze
🚌 由圣明尼亚托教堂步行约 5 分钟可达
🕐 全天
💴 免费

米开朗琪罗广场建于 1865—1871 年间，是为当时佛罗伦萨获选为首都而建，建筑师约瑟用米开朗琪罗当作广场的标志，以一比一的比例复制《大卫》，旁边还有米开朗琪罗在美第奇礼拜堂的著名作品——《白昼》《黑夜》《黄昏》《黎明》雕刻复制品。这里是眺望佛罗伦萨市区的绝佳位置，老桥横跨在阿诺河上，衬着一片红瓦屋顶。广场旁一座像宫殿似的建筑内有家名为"La Loggia"的咖啡馆，据说是佛罗伦萨最"美"的咖啡馆，因为只有在这里才能一边品尝正宗的意大利咖啡，一边将佛罗伦萨最美丽的景致尽收眼底。

吃在佛罗伦萨

Trattoria Mario

🏠 Via Rosina 2r

🚌 从圣母百花大教堂步行前往约
8分钟

☎ （055）218550

🕐 周一至周六 12:00-15:30

🌐 trattoria-mario.com

　　这家创立于1953年的餐厅，见证了佛罗伦萨的历史，并在1966年的阿诺河泛滥中幸存下来，时至今日依旧为今日的当地人和游客提供美味的地道佛罗伦萨家庭料理。该店坐落于中央市场旁的巷弄，如今传承到第二代的手中，热腾腾的佛罗伦萨牛肚依旧是该餐厅的招牌菜之一。

Il Cantinone

🏠 Via di Santo Spirito 6r

🚌 从圣母百花大教堂步行前往约
12分钟

☎ （055）218898

🕐 周二至周日 12:30-14:30，
19:30-22:30

🌐 www.ilcantinonedifirenze.
it

　　位于阿诺河左岸的圣灵广场上，这家名称原意为"酒窖"的餐厅，门面不太起眼，只有个小小的活动招牌摆在入口处。餐厅提供最地道的托斯卡纳菜色，讲求最简单的烹调、不做过多的装饰以及最家常的服务态度，在"大酒窖"可以吃得轻松又自在。

Cellini

🏠 Piazza del Mercato
Centrale 17r

🚌 从圣母百花大教堂步行前往约
8分钟

☎ （055）291541

🕐 12:00-14:30，19:30-
22:30

🌐 www.ristorantecellini.
com

　　这家餐厅以16世纪佛罗伦萨最伟大的精工师傅本韦努托·切里尼（Benvenuto Cellini）为名，餐厅的标志正是这位大师著名的铜雕"佩赛欧"（Perseo）。位于中央市场背后三角形小广场上的它不只是餐厅，同时也是比萨饼屋，而且标榜是传统的碳烤炉，所以烤出来的比萨饼还带着浓浓的木枝香。

Sasso di Dante

🏠 Piazza delle Pallottole
📮 位于圣母百花大教堂旁
📞 （055）282113
🕐 12:00-14:30, 19:30-22:30
🌐 www.sassodidante.it

　　位于昔日但丁经常前来沉思的广场上，这间名称原意为"但丁之石"的餐厅，散发出迷人的悠悠古意，外观由拱门与斜屋顶构成，内部墙上还嵌着刻有《神曲》诗句的碑石。坐在室外用餐，最是赏心悦目，布鲁内莱斯基的红色大圆顶近在咫尺，精雕细琢的大教堂边墙亦清晰可见。在用餐的同时，也给人视觉上最大的享受。

Vinie Vecchi Sapori

🏠 Via dei Magazzini 3r
📮 从圣母百花大教堂步行前往约10分钟
📞 （055）293045
🕐 周二至周六 9:00-23:00，周日 12:00-14:30

　　从这家餐厅的名称"酒与古老味"就能看出它的主打菜品。位于领主广场旁的它非常迷你，内部大概只有七八张木桌，墙上也全是田园式的装饰，一派小酒馆的模样。这家小酒馆是以冷盘为主，此外餐厅还提供一种名为蔬菜汤的食物。

Osteria del Porcellino

🏠 Via Val di Lamona 7r
📮 从圣母百花大教堂步行前往约10分钟
📞 （055）264148
🕐 12:00-15:00，19:00至次日1:00
🌐 www. osteriadelporcellino.it

　　这家规模中等的餐厅，仍带有浓浓的小酒馆风情，木质餐桌椅搭配墙上的酒瓶与干草装饰，说明这家"小猪酒馆"提供的正是最地道的田园风味。家常的服务和不花哨的烹调是这家餐厅最大的特色，除了佛罗伦萨大牛排外，这里也可以品尝到用餐厅特制辣酱所做的招牌料理。

Ristorante Pizzeriail Teatro

🏠 Via Ghibellina, 128r-130r

📮 从圣母百花大教堂步行前往约15分钟
📞 （055）2466954
🕐 12:00-15:00, 18:00-24:00
🌐 www.ristoranteilteatro.net

　　这家位于歌剧院对面的餐厅，是由三兄弟合开的，老板的热情加上烧得一手地道的意大利菜，非常受当地人欢迎。开胃菜"Bruschetta"是烤面包加上番茄、意大利香料，口感不错，不妨试试。

Pitti Gola e Cantina

🏠 Piazza de'Pitti 16
📮 从圣母百花大教堂步行前往约20分钟
📞 （055）212704
🕐 周二至周日 12:00-21:00
🌐 www. pittigolawinebar.com

　　这家位于碧提宫对面的"喉咙与酒窖"，尽管内部并不宽敞，却很有看头。三面墙壁全被酒瓶所占满，托斯卡纳各个著名酒窖所酿造的葡萄酒，在这小小的空间中，互相争奇斗艳。除了酒以外，橄榄油、醋、腌渍蔬菜、果酱等特产，也是一应俱全。这里只提供专为下酒的配菜。黄昏是来这品酒的最佳时间。

比萨

　　比萨斜塔是许多人对意大利的印象之一，其实比萨因为地质因素，斜塔旁的教堂、洗礼堂，甚至整个市区的旧建筑都是倾斜的。一度关闭整修的比萨斜塔，早已抢救完工，开放游客登塔参观。经过整修的斜塔还扶正了一些，预计可以再支撑 200 年之久。来到神迹广场，游客仍旧在广场前摆着欲扶正斜塔的姿势拍照，仿佛这样才算来过比萨，非常有趣！伟大建筑的背后通常是盛世所致，比萨虽只是托斯卡纳区的一个城市，但在罗马帝国时代可是重要海港，中古时期亦是弗里敦邦，并逐渐发展成地中海西岸的海权强国，从此直到 13 世纪，可说是比萨共和国的全盛时期。政治与经济的稳定，加上从伊斯兰世界传入了数学等科学，几何原理的应用使得艺术家能突破当时的限制，盖出又高又大的教堂，还大量运用圆拱、长柱及回廊等罗马式建筑元素，形成独树一格的"比萨风"，最明显的例子就是神迹广场上的建筑群。1284 年比萨与热那亚发生战争后开始走向衰微，最终被佛罗伦萨纳入版图，盛极一时的比萨风就此败落。

比萨交通

如何到达——火车

从佛罗伦萨前往比萨的火车非常频繁，每半个小时一班，车程在 1 小时左右。如果从罗马前往比萨，则必须在佛罗伦萨换车，车程约需 3 小时。

如何到达——巴士

从佛罗伦萨搭乘巴士前往比萨需在路卡换车，路卡前往比萨的车次每天多达数十班，车程约 40 分钟，由 LAZZI 巴士公司提供服务，详细班次请上网查询。

LAZZI 巴士

 www.lazzi.it

市区交通

比萨的中央火车站位于阿诺河以南 1 千米处，步行前往神迹广场需 25～30 分钟，另可搭乘 1 号 CPT 城市巴士前往。

大部分的城际巴士停靠在维托里奥·埃马努埃莱二世广场（Piazza Vittorio Emanuele II）以及圣安东尼奥广场（Piazza San Antonio）附近，由此步行前往市区需 25～30 分钟，另可搭乘 1 号 CPT 城市巴士前往。比萨大部分的景点都位于神迹广场旁，可以步行的方式参观。

旅游咨询

游客服务中心 APT Pisa

 Piazza Arcivescovado 8

 位于主教堂（参考主教堂交通）

 （050）42291

 10:00-19:00

 www.pisaturismo.it

游客服务中心

 Piazza Vittorio Emanuele 13

 位于维托里奥·埃马努埃莱二世广场（参考广场交通）

 （050）42291 44

 周一至周五 9:00-19:00，周六 9:00-13:30

精华景点

主教堂
(Duomo)

- 🏠 Piazza dei Miracoli
- 📍 位于神迹广场（参考市区交通）
- 🕐 3—10月 10:00-18:00，4—9月周一至周六 10:00-20:00，10月 10:00-17:00，11月至次年2月 10:00-13:00、14:00-17:00
- 💶 2欧元，11月至次年3月免费。另有多种神迹广场上其他景点（除比萨斜塔外）的套票，包含主教堂和另一处景点的套票为6欧元，主教堂和其他三处景点的套票为8.50欧元，主教堂与其他四处景点的套票为10欧元

MUST-VISIT PLACES 必游之地

主教堂建于1064年，在11世纪时可说是世界上最大的教堂，由布斯格多（Buscheto）主导设计，这位比萨建筑师的棺木就在教堂正面的左下方。修筑工作由11世纪一直持续到13世纪，由于是以卡拉拉（Carrara）的明亮大理石为材质，因此整体偏向白色，不过建筑师又在正面装饰上其他色彩的石片，这种玩弄镶嵌并以几何图案表现的游戏，是比萨建筑的一大特色。

1595年，一场大火烧毁了教堂，美第奇家族将其重建。美第奇家族用24公斤的纯金装饰教堂天花板，还放上了6个圆球图案的美第奇家徽。

讲道台是乔瓦尼·比萨诺（Giovanni Pisano）以大理石雕刻而成，上面装饰着《圣经》故事，其中有一尊14世纪的耶稣像，动作中的耶稣还带有表情，这在当时的同类型作品中是很少见的。

教堂的中央大门是16世纪修制的作品，因为原本由波那诺（Bonanno）所设计的大门毁于火灾；内部的长廊被罗马风格的回廊柱分隔成五道，地板依然不改大理石镶嵌手法，并且在大圆顶下方还保留有11世纪的遗迹。

由于比萨的地质松软，神迹广场周围的建筑、城墙、市区建筑都在倾斜，主教堂也不例外。不妨站在教堂中间，仔细观察祭坛上方耶稣镶嵌壁画及吊灯，可以发现吊灯不是从耶稣面部的正中央切下来，而是偏向一边，由此可以证明教堂也呈倾斜状。

墓园
(Camposanto)

🏠 Piazza dei Miracoli

🚍 位于神迹广场上（参考市区交通）

🕐 3 月 9:00–18:00，4—9 月 8:00–20:00，10 月 9:00–19:00，11 月至次年 2 月 10:00–17:00

💴 5 欧元。另有多种与神迹广场上其他景点（除比萨斜塔外）的套票，包含主教堂和另一处景点的套票为 6 欧元，主教堂和其他三处景点的套票为 8.50 欧元，主教堂与其他四处景点的套票为 10 欧元

　　神迹广场北侧，由白色大理石围成之长方形墓园，是 1277 年由乔瓦尼·迪·西蒙内（Giovanni di Simone）于一块比萨船队从圣地带回来的土上所建，围墙的外观以连续浅浮雕假拱廊形式表现，主要入口的上方则是乔瓦尼·比萨诺雕刻学派的哥特式尖塔小神龛。墓园内部是一片宁静且草坪整理得宜的中庭，四周被开着哥特式三叶镂空雕花的连续长窗式回廊包围。

　　回廊内收集了为数众多的罗马时代的石棺，这些属于 2—5 世纪的棺墓，被中古时代的比萨拿来重复使用，注意看这些石棺上的雕刻，你会发现和洗礼堂内的雕像十分相似。墙上残缺的壁画受损于第二次世界大战中，现已进行修复重画工程，预计不久后即可复原。目前还可以欣赏到部分 14 世纪的壁画，就保存在室内，内容是关于死亡与审判的故事。

比萨斜塔
(Torre Pendente)

🏠 Piazza dei Miracoli
📍 位于神迹广场上（参考市区交通）
☎ （081）8575331
🕐 12月和1月 10:00-16:30，11月和2月
9:30-17:30，3月9:00-17:30，4—9月
8:30-20:00，10月9:00-19:00
💴 现场购票15欧元，网络购票17欧元。每次限
40人登塔，每梯次30分钟，旺季时建议事先上
网订票
🌐 www.opapisa.it

　　主教堂旁的钟塔，就是大家耳熟能详的比萨斜塔。由于持续倾斜，最严重时每年倾斜超过1毫米，在1990年时曾禁止游客登塔，进行大规模的拯救工程，这期间斜塔被装上防止继续倾斜的铁条，从地层彻底解决了造成倾斜的问题，并在2001年重新开放游客登塔。斜塔现在已经停止倾斜，甚至还稍微扶正了一些，据估计比萨塔可以再撑200年之久。

　　钟塔的外观成7层拱廊装饰环绕的圆柱形，除底层为密闭式假拱廊外，其余皆为与主教堂正面相同的立体形式。比萨斜塔建于1173年，不过建筑师是谁仍不明，经过考证可能是由雷纳尔多（Rainaldo）、古列尔莫（Guglielm）及波那诺所设计。1274年当盖到第3层时塔就开始倾斜了，不过工程仍然继续进行，直到14世纪中叶完成。最后加上去的钟室，位于塔的最顶端，如此使得钟塔的高度达到54.5米。

洗礼堂
(Battistero)

- 🏠 Piazza dei Miracoli
- 🚌 位于神迹广场上（参考市区交通）
- 🕐 3月9:00-18:00，4~9月8:00-20:00，10月9:00-19:00，11月至次年2月10:00-17:00
- 💴 5欧元。另有多种与神迹广场上其他景点（除比萨斜塔外）的套票，包含主教堂和另一处景点的套票为6欧元，主教堂和其他三处景点的套票为8.50欧元，主教堂与其他四处景点的套票为10欧元

星级推荐

　　洗礼堂的外观分为3层，最下层是密闭式拱廊，也就是所谓的"假拱廊"，只在主要方位开四道门；中层的拱廊较小且与墙壁分离成立体状，这与主教堂正面的手法相同，不过每两座小圆拱的上方都有片镂空雕刻三角楣饰，这是典型的托斯卡纳哥特风格；最上层则开窗并饰以三角拱。

　　内部除了一座13世纪的洗礼池外，当然就属一旁的讲道台最能表现比萨风的艺术精神了，也比主教堂的讲道台更负盛名，是由尼古拉·比萨诺于1260年完成，以大理石浮雕描绘了基督的生平。仔细看这里的雕像，其实是复制自墓园的罗马棺木，看起来非常像罗马艺术。讲道台还有一个有趣的地方，就是台下有一只公狮子竟然在哺乳，究竟是因为建筑师从没看过狮子搞混了，还是有别的喻义，就不得而知了。

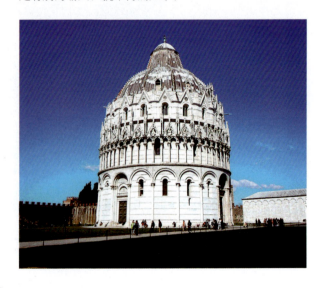

圣母玛丽亚斯皮那教堂
(Santa Maria della Spina)

- Lungarno Gambacorti
- 从神迹广场步行前往约 15 分钟
- 3—10 月周二至周五 10:00-13:30、14:30-18:00，周六和周日 10:00-13:30、14:30-19:00，其他时间周二至周日 10:00-14:00，每月第二个周日 10:00-19:00
- 1.5 欧元

　　这座非常精巧的小教堂正面的三角楣，会令人不禁联想到神迹广场上的洗礼堂，而它侧翼的神龛则与墓园入口上方的神龛有异曲同工之妙，这是由于它们皆出于乔瓦尼·比萨诺的雕刻学派。教堂建于 1323 年，原本位于阿诺河滨，19 世纪时为了防止河水泛滥，而被迁移到今天的位置，因此感觉有些突兀。

　　据说教堂保存了耶稣被钉上十字架前头上所戴之棘冠中的一根荆棘而得名，在它外部为数众多的小龛室，内置圣人或传播福音者的雕像，雕工精细的小尖塔像顶帽子般，戴在这座迷你教堂的顶上，装饰性的拱廊反而缺席，属于比萨的哥特式建筑。

锡耶纳

　　托斯卡纳不仅有佛罗伦萨这个文艺复兴的中心城市，还有比萨和锡耶纳与之相媲美。这两个小镇比较能领略到恬静的托斯卡纳风情，尤其锡耶纳更是意大利最完美的中世纪小镇，还被列入《世界遗产名录》。

　　穿梭在中世纪的街道上，每一个突如其来的转角、小路，都能让人有种回到中世纪时代的错觉。锡耶纳在14世纪时发展出独特的艺术风格，杜奇奥、马丁尼及安布吉罗·罗伦奇都是代表人物，主教堂内部还有米开朗琪罗、贝尼尼等人的作品，这些艺术品丰富了锡耶纳的内涵。这个小镇最重要的大事就是一年一度的传统赛马会，每到这个时候整个城镇仿佛苏醒过来，好不热闹！锡耶纳在白天与夜晚会呈现出两种不同的迷人风情，如果你有机会来到锡耶纳，千万别只是短暂停留。

锡耶纳交通

如何到达——火车

火车站位于锡耶纳西北方2千米处，可以搭乘1或3号巴士前往圣多明尼各广场（Piazza S. Domenico），车程约10分钟，或以步行的方式，约30分钟可到达市区。火车站旁有售卖巴士车票的柜台，车资为0.8欧元。

佛罗伦萨前往锡耶纳的火车非常频繁，几乎每小时就有一班车前往，车程在1小时30分至2小时之间。

如何到达——巴士

除火车外，佛罗伦萨每天也有15班直达巴士前往锡耶纳，车程约1小时15分，另外还有9班普通巴士，车程约2小时30分。

大部分的城际巴士都停靠在圣多明尼各广场附近的Viale Federico Tozzi。由此可步行前往市区。

市区交通

锡耶纳市区内面积不大，游客可以通过步行的方式参观整座城市。

旅游咨询

游客服务中心 APT Siena

🏠 位于市中心 Piazza del Campo 56

☎ （0577）280551

🕐 9:00-19:00

🌐 www.terresiena.it

精华景点

田园广场
(Piazza del Campo)

- 位于市中心
- 全天
- 免费

星级推荐

田园广场可说是意大利最迷人的广场，铺满红砖的扇形广场，被分为9等份，用来纪念当时管辖锡耶纳的九人议会，几乎所有锡耶纳历史上的重大事件都发生在广场或广场周围。广场最重要的活动，就是每年7—8月举行的赛马会，这项活动至今仍在举办。

广场中央有一座"快乐喷泉"（Fonte Gaia），现在的喷泉是19世纪的复制品，原件是雅各布·德拉·奎尔查（Jacopo della Quercia）在1409年的创作，如今已收藏在市政大厦内。广场周边环绕着咖啡馆、纪念品店，也是游客聚集之地。大家直接坐在广场红砖上，或读一本书，或聚在一起聊天，恬适的氛围弥漫在古城中。夜晚的广场在灯光的照射下，别有一番中世纪古城景致。

市政大厦
(Palazzo Pubblico)

🏠 位于田园广场上 Piazza del Campo

🕐 市立博物馆：3 月中旬—10 月 10:00-19:00，11 月和 2—3 月中旬 10:00-18:00，12 月和 1 月 10:00-17:30
曼贾塔楼：3—10 月中旬 10:00-19:00，其他时间 10:00-16:00

¥ 市立博物馆 7.5 欧元，曼贾塔楼 7.5 欧元，市立博物馆及曼贾塔楼联票 12 欧元

星级推荐

位于田园广场旁的市政大厦，目前是锡耶纳的市政厅所在地，市政大厦大约在 1310 年完工，当时是九人会议的总部。内部的市立博物馆（Museo Civico Di Palazzo Pubblico）开放参观，大部分是锡耶纳画派作品，地图厅（Sala del Mappamondo）有一面墙是近期修复的马丁尼（Simone Martini）的壁画《尊严像》（Maestà），这是伟大哥特式作品之一，和教堂博物馆中杜奇奥（Duccio di Buoninsegna）画的《尊严像》相比，马丁尼壁画中的圣母是具人性化的母亲，不再遵守拜占庭的肖像画法，两位天使献花给坐在中央的圣母，这些都是新的创作方式。馆中还有安布吉罗·罗伦奇（Ambrogio Lorenzetti）的《好政府与坏政府的寓意画》（1338—1340 年，Allegory of Good and Bad Government），在处于阴影内的坏政府中可以看到恶魔。博物馆中展示大量精彩壁画，尽管有些壁画色彩掉落，然而成片的壁画还是非常震慑人心，来到博物馆楼上可以欣赏到锡耶纳的街景。

至于高 102 米的曼贾塔楼，名称是取自第一位敲钟者，它是意大利中古时期塔楼中第二高的，登上塔楼可以俯瞰从整个市中心广场往外扩散的锡耶纳景致，一片红瓦

屋顶很是壮观，广场呈扇形放射状的图案更是清楚可见。来到锡耶纳的游客都想一睹被列入《世界遗产名录》的中世纪小镇全貌，登塔的游客总是络绎不绝，而塔顶容纳人数有限，再加上塔内楼梯窄小，若要避开大排长龙的人潮，建议一早就先参观塔楼。

主教堂
(Duomo)

🚇 从田园广场步行前往约 8 分钟

☎ （0577）283048

🕐 3—5 月和 9—10 月周一至周六 10:30-17:30、
周日 13:30-17:30，6—8 月周一至周六 10:30-
20:00、周日 13:30-18:00，11 月至次年 2 月
周一至周六 10:30-18:30、周日 13:30-17:30

💰 3 欧元，8—10 月展出大理石地板时 6 欧元；联
票 10 欧元可参观包括主教堂、主教堂美术馆、
小礼拜堂等共六项主教堂附属建筑

🌐 www.operaduomo.siena.it

必游之地 MUST-VISIT PLACES

　　这座黑白色彩相间的主教堂建于 12 世纪，建筑外
观是出自乔瓦尼·比萨诺（Giovanni Pisano）及尼古拉
（Nicola）之手，正面是融合了罗马式及哥特式的建筑。
假如 14 世纪的扩建计划成功，这座教堂就会成为基督教
国家中最大的教堂，可惜因 1348 年的瘟疫导致工程停止。

　　一进入教堂，目光首先被华丽的教堂地板所吸引，
地板由 56 幅大理石镶嵌刻画组成，年代在 14 世纪到
1800 年之间，有些大理石画看起来就像真的绘画般，不
过这些作品只在每年 8 月底到 10 月底才会展出。教堂内
部还有精彩的大师级作品，其中包括米开朗琪罗、杜奇奥、
多那太罗、贝尼尼等人在不同时期的作品。

威尼斯

　　蛮族的入侵，使得亚得里亚海沿岸的居民内逃，威尼斯因此建城。最早威尼斯是拜占庭的殖民地，因和拜占庭联手击败亚得里亚海海盗，取得自治权后建立了共和国，到公元 7 世纪时，威尼斯已经成为世界上强盛富有的国家之一，领土延伸到地中海。

　　文艺复兴活动也在威尼斯发光发热，继佛罗伦萨、罗马之后，提香、丁特列多（Tintoretto）、维若内塞等知名艺术家群集威尼斯，这里成为当时文艺复兴运动的第三大中心。在威尼斯你可以看到各种建筑风格：拜占庭式、哥特式、古典式、巴洛克式等，也可以欣赏到文艺复兴时期经典名作，可说是名副其实的艺术之城。

　　威尼斯是建筑在潟湖上的城市，呈 S 形的大运河是当地 160 条运河中最主要的一条，随着大运河到底的圣马可广场是威尼斯的政治重心，广场周围也是威尼斯最热闹的区域，清晨时分有时还可看到水淹圣马可广场的景况。金碧辉煌的宫殿、教堂建筑，摇曳海上的浪漫生活，再加上面临沉没消失的可能性，造访威尼斯的游客未曾稍歇。

威尼斯交通

如何到达——机场至市区交通

机场巴士

威尼斯附近有两座机场，特雷维索机场（Treviso）多为包机和廉价航空使用，一般人较少前往，机场有配合班机起降时间的巴士，ATVO巴士连接特雷维索机场和威尼斯市中心，车程约70分钟，票价约为6欧元。也可搭乘6号公交车前往特雷维索火车站，再转搭火车或巴士前往威尼斯。一般的欧洲航班或意大利航班主要停靠马可·波罗机场（Aeroporto Marco Polo），该机场位于威尼斯以北7千米处，有两家巴士公司提供往来机场和威尼斯罗马广场（Piazzale Roma）间的交通

服务。ATVO每30分钟发一班车，车程约20分钟，票价为3欧元；ACTV的5号或5D巴士也同样班次频繁，车程约25分钟，票价为2.3欧元。你也可以搭乘阿里拉古纳号水上巴士（Alilaguna），共有四条航线，每小时一班，红线前往圣马可区约需70分钟；蓝线前往圣马可区约需80分钟；橘线前往大运河约需60分钟；金线直接前往圣马可区，约需60分钟。除金线直达须25欧元之外，其他线到圣马可区和大运河的票价都在12欧元左右，在机场和码头之间有免费接驳巴士穿梭。所有大众交通工具的票券均可在入境大厅左侧的售票处购买，或在巴士站旁的售票机或直接向司机购票。

ACTV（Aziendadel
Consorzio Trasporti
Veneziano）
🏠 www.actv.it
Malpensa Express
Ferrovie Nord Milano
☎ （02）85111
Alilaguna
🏠 www.alilaguna.it

出租车

从特雷维索机场搭乘出租车前往威尼斯的罗马广场约需 70 分钟的时间，车资在 80 欧元左右，前往特雷维索火车站则约 20 欧元。

从马可·波罗机场搭乘一般出租车前往威尼斯的罗马广场约需 35 欧元，如果搭乘水上出租车则可能要价高达 70 欧元以上。

如何到达——火车

一般来说从意大利主要城市或是欧洲内陆前往威尼斯的火车，会先后停靠大陆的梅斯特雷（Mestre）火车站和威尼斯本岛的圣路西亚火车站（Stazione di Santa Lucia，简称 VES.L.）。梅斯特雷离威尼斯有一段距离（约 6 千米），需搭公交车往返，由于威尼斯物价贵得惊人，因此很多人选择在梅斯特雷住宿，从梅斯特雷火车站到梅斯特雷市区可在火车站前搭公交车，如果抵达

圣路西亚火车站则一出站即在市区。从罗马搭火车到威尼斯约 5 小时，从米兰或佛罗伦萨搭火车各需 3 小时。详细时刻表及票价可上网或至火车站查询，购票可至火车站柜台。

意大利国铁
🏠 Ferrovie dello Stato
☎ 848888088
🕐 7:00-21:00
🏠 www.trenitalia.com

欧洲国铁
🏠 www.raileurope.com

市区交通

ACTV 水上巴士

市区的水上巴士由 ACTV 营运，水上巴士穿梭于大运河及潟湖之间的各小岛，是当地最方便的移动方式。游客最常搭乘的 1 号线，行驶于大运河间，营运时间为 5:00-24:00，大约每 10 分钟一班；41、42 号线不行驶于大运河，穿梭于威尼斯本岛的外侧，经过圣路西亚火车站、罗马广场等等。基本票价单程为 6.5 欧元，一小时之内有效，超过一件大行李每件要多加 6.5 欧元。车票可以在大多数的候车处、香烟摊、挂着 ACTV 招牌的商店以及旅游服务中心中购得。除单程车票外 ACTV 另有多项优惠票，分为 12 小时（14 欧元）、24 小时（16 欧元）、36 小时（21 欧元）、

48 小时（26 欧元）以及 72 小时（31 欧元）等等，这些优惠票可同时使用于 ACTV 经营的陆上巴士。水上巴士的船票可在游客中心或是 ACTV 售票处购买，买的票若不是马上使用，记得告知售票员不要打上日期，等使用前再自行到码头旁的黄色戳印机打票。12 小时及 24 小时这类船票只要第一次使用时打票，以后每次登船出示船票即可，时间以戳印机打上的日期为准。欲知详细行船方向，可在售票处索取行船地图。每一站的码头前会有最近的船班时刻表，船上也会有人喊出目的地名称，相当便利，不过售票员会频繁且不定时地在码头前验票，要特别注意船票的有效时间。

ACTV

- 🏠 Piazzale Roma
- 🕐 夏天 6:00-23:00，冬天 6:00-20:00
- 🌐 www.actv.it

Alilaguna 水上巴士

　　水上巴士共有 4 条航线，每小时 1 班，红线前往穆拉诺岛（Murano）、利多岛（Lido）、圣马可（San Marco）；蓝线前往穆拉诺岛、方达芒特诺威（Fon-damente Nove）、利多岛以及圣马可；橘线前往穆拉诺岛、古格利（Guglie）、大运河（the Grand Canal）和圣安吉洛（San Angelo）；金线从机场直接前往圣扎卡利亚（San Zaccaria）和圣马可。前往穆拉诺岛约 8 欧元，除机场快线金线 25 欧元以外，其他各线前往各其他停靠点均为 15 欧元。

Alilaguna

- 🏠 Isola Nuova Tronchetto24/a
- 📞 （041）2401701
- 🕐 周一至周五 8:30-13:00、14:00-17:30，周六 8:30-13:00
- 🌐 www.alilaguna.it

渡轮

　　大运河上只有 4 座桥，分别位于罗马广场、火车站、里亚托（Rialto）和美术学院，所以如果在这四个地方之外想要过河到对岸，最方便省时的方式就是搭乘渡轮（gondola ferries），只需要 0.5 欧元。各路线运行时间不定，多数人使用的路线是每天 7:00-21:00，其他可能只行驶到中午，你只需要循着"Traghetti"指示牌就能找到乘船处，无须买票，直接在下船时将船资支付于船夫即可。

贡多拉

　　贡多拉（Gondola）是威尼斯的代表，长约 11 米，由 280 块木板组成，最特别的是船只的两边不对称，因此船总是侧一边向前进。船头以六齿梳装饰，据说是代表威尼斯的六个区域，从前船上有各式各样奢华的装饰，直到 16 世纪当地律法限定贡多拉的华丽程度，并且规定船只一律采用黑色，才成了现今的模样，不过为了吸引如织的游客，现在的贡多拉似乎是一艘比一艘豪华。船夫的行业是父传子的，穿着像是海军的服装，头戴草帽，搭上一件红白条纹衬衫。坐一趟浪漫的贡多拉需事先询问并谈定价格及船行时间，一般船最多坐6人，可以和其他游客共乘分摊费用。通常40分钟每艘船约80欧元，20:00至次日8:00之间每艘船约100欧元，每超过25分钟得另加50欧元。

水上出租车

　　威尼斯的水上出租车可以穿行于威尼斯所有运河之间，但收费非常昂贵，起跳价为13欧元，之后每分钟多加1.8欧元。出租车以两人为收费标准，每多一人多收5欧元，多一件大件行李多收3欧

元，此外夜间还加收8欧元。你可以在招呼站叫车，也可以打电话叫车，但打电话叫车需加收6欧元。

水上出租车叫车专线

☎（041）2747070

旅游咨询

威尼斯旅游服务中心

🏠 Palazzina del Santi
☎（041）5298711
🕐 10:00-18:00
🌐 www.turismovenezia.it

马可·波罗机场游客服务中心

🏠 机场入境大厅
☎（041）5415887
🕐 周一至周六 9:30-19:30

圣路西亚火车站游客服务中心

🏠 Stazionedi Santa Lucia
☎（041）5298727
🕐 8:00-18:30

精华景点

圣乔瓦尼与圣保罗教堂
(Chiesa dei Santi Giovannie Paolo)

🏠 Dzielnica Castello
🚌 搭水上巴士 41、42、51、52 号于 Ospedale Civile 站下
☎ （041）5235913
🕐 周一至周六 9:00-18:30，周日 12:00-18:30
💰 2.5 欧元

这是威尼斯两座最大的哥特式教堂之一，是由多明尼各教士从 13 世纪起一直兴建到 15 世纪，而成为今日如此庞大的规模。教堂名称中的圣乔瓦尼与圣保罗，指的不是圣经中的两位使徒，而是两名罗马教会中的殉道者。

教堂亦被称为威尼斯共和国时期统治阶级的万神殿，里面葬了 25 位执政官，有些墓碑雕刻得美轮美奂，颇值得参观。该教堂中的壁画也有不少出自名家之手，像是乔瓦尼·贝里尼（Giovanni Bellini）的祭坛画《圣文森特·费雷尔》（*St. Vincent Ferrer*）、阿尔维斯·维瓦里尼（Alvise Vivari）的《背十字架的基督》（*Christ Carrying the Cross*）等。

1867 年时教堂中的罗萨里欧礼拜堂（Cappella del Rosario）曾遭大火波及，出自丁特列多等艺术家之手的壁画遭到破坏，取而代之的作品中，以顶棚嵌板最为出色。此外，位于南翼的礼拜堂中有一尊拜占庭式雕像《和平圣母》（*Madonna della Pace*），至于教堂中保存的圣骨则是"锡耶纳的圣凯瑟琳"（St. Catherine of Siena）的一只脚。

圣扎卡里亚教堂
(Chiesa di San Zaccaria)

🏠	Campo S.Zaccaria
🚌	搭水上巴士 1、41、42、51、52、82 号 于 S.Zaccaria Danieli 站下
☎	（041）5221257
🕐	周一至周六 10:00-12:00、16:00-18:00，周日 16:00-18:00
¥	教堂免费、旧教堂 1 欧元

　　圣扎卡里亚教堂坐落于圣马可大教堂的背后，因此出奇的宁静。最原始的建筑奠基于 9 世纪，而且长久以来一直受到历任执政官的特别保护。1444 年整座教堂被重新改建，首位建筑师冈贝娄（Gambello）以哥特式创立了教堂的正面，不过他去世后接任的柯度奇（Coducci），却以文艺复兴式的手法完成教堂的上部，因此成为今天我们所看到的混合风格外观。

　　教堂内部有着本市最引人注目的祭坛画之一《圣母与四圣人》(*Madonna and Four Saints*)，出自乔瓦尼·贝里尼之手。另外，在右边的礼拜堂里，有丁特列多早期的画作《施洗者约翰的诞生》（*The Birth of John the Baptist*）。

圣马可广场
(Piazza di San Marco)

🏠 Piazza di San Marco
🚌 搭水上巴士 1、41、42、51、52、82 号于 S.Zaccaria Danieli 站下
🕐 全天
💰 四角形钟楼门票 6 欧元

　　圣马可广场由一整片建筑群包围而成，包括教堂、钟楼、执政官宫、新旧行政长官官邸、市立科雷博物馆等。其中最受瞩目的当然是圣马可大教堂，它的正立面马赛克镶嵌画非常精彩。

　　广场上咖啡香和乐音四溢，自古以来，不少文人墨客流连于此，拜伦、海明威等都对这里的风情赞叹不已，广场边的咖啡馆因此成为威尼斯的社交中心，观光客更是非到这里朝圣不可。

执政官宫
(Palazzo Ducale)

- 🏠 San Marco 1
- 🚌 搭水上巴士 1、41、42、51、52、82 号于 S.Zaccaria Danieli 站下
- ☎ （041）2715911
- 🕐 11月至次年3月9:00-18:00，4~10月9:00-19:00
- 💴 圣马可广场博物馆通票（iMusei di Piazza San Marco）11月至次年3月全票欧元12、半票6.5 欧元，4~10月全票13欧元、半票7.5欧元
- 🔗 www.museiciviciveneziani.it

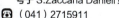

必游之地 MUST-VISIT PLACES

　　执政官宫是历任威尼斯执政官的官邸所在，这座晶莹细致的哥特式建筑，最早的建筑体完成于9世纪，但是在10世纪及12世纪两度遭到大火烧毁破坏，外观在14世纪和15世纪时做过整建的工程。

　　从圣马可教堂旁边的纸门（Porta della Carte）可进入执政官宫的1楼中庭，然后由东侧的黄金阶梯可上到2、3楼，有不同的厅室供游客参观，在每一间厅室里都有非常漂亮的湿壁画。最值得一看的是3楼的会议大厅，可同时容纳2 000人，在执政官宝座的后面是一幅非常巨大的壁画，是由威尼斯知名画家丁特列多在1590年所绘制的"天国"，占满了整面墙，高7.45米、宽21.6米，是当时世界上最大的一幅油画，即使在今天也算是非常少有的巨幅画作，而那也是威尼斯艺术巅峰时期的代表作，是风格主义特点的极致表现。除此而外，墙上还有76位历任威尼斯执政官的画像。

叹息桥
(Ponte dei Sospiri)

🏠 意大利威尼斯圣马可广场附近

🚌 从圣马可广场步行即可到达，或乘坐 1 号、52 号、82 号水上巴士，至 SanMarco 站下船即达

必游之地 MUST-VISIT PLACES

　　联结着执政官宫和旁边地牢的是非常著名的叹息桥，听说恋人们在桥下接吻就可以天长地久，而这里也是电影《情定日落桥》的取景地。事实上，当犯人在执政官宫接受审判之后，重罪犯被带到地牢中，可能就此永别俗世了，所以在经过这座密不透风的桥时，难免不自主地发出叹息之声，正是这座桥的名称由来。

　　叹息桥兴建于 1600 年，也是威尼斯的必访景点之一，参观地牢可由执政官宫进入。广场最热闹的时候莫过于一年一度的威尼斯嘉年华了，盛装奇扮的人物将场景拉回 17 世纪，那种世纪末堕落的奢靡，至今仍充满了致命的吸引力。

圣马可大教堂
(Basilica di San Marco)

🏠 Piazza di San Marco

🚌 搭水上巴士 1、41、42、51、52、82 号于 S.ZaccariaDanieli 站下

☎ （041）5225205

🕐 教堂周一至周六 09:45–17:00，周日和假日 14:00–17:00；圣马可博物馆 09:45–16:45；祭坛黄金饰屏和宝物室 11 月至次年 3 月周一至周六 09:45–16:00，周日和假日 14:00–16:00，3—10 月周一至周六 09:45–17:00，周日和假日 14:00–17:00

¥ 教堂免费，圣马可博物馆全票 4 欧元、半票 2 欧元；祭坛黄金饰屏全票 2 欧元、半票 1 欧元，宝物室全票 3 欧元、半票 1.5 欧元

🖐 www.basilicasanmarco.it

❗ 禁止带大包入场，可免费寄物，寄物处在一旁巷子内

必游之地
MUST–VISIT PLACES

　　传说圣马可来到威尼斯时，曾经梦到天使告诉他，这里将是他的安息之所，因此在 828 年，两个威尼斯商人便从埃及亚历山大的伊斯兰教徒手中，偷回圣马可的遗骸，当地居民因此兴建一座伟大的教堂来存放城市守护圣人的遗体。

　　976 年的一次革命烧毁了执政官宫，受到执政官宫大火的波及，圣马可教堂也被毁，直到 1063 年才开始重建。目前的教堂就是 11 世纪重建后的样子，教堂内外布满拜占庭风格的马赛克镶嵌壁画，5 个东方特色的大圆顶也让它格外醒目，内部还有哥特式及罗马式的雕刻，是一座融合东西方风格的华丽圣堂。

　　值得一提的是教堂中间最后方的祭坛黄金饰屏（Pala d'Oro），高 1.4 米、宽 3.48 米，共有 2 000 多颗的各式宝石，如珍珠、祖母绿和紫水晶等装饰而成，价值连城。

美术学院陈列馆
(Gallerie dell' Accademia)

🚊 搭水上巴士 1、82 号线在 Accademia 站下
☎ （041）5200345
🕐 周一 8:15-14:00，周二至周日 8:15-19:15
💴 全票 6.5 欧元、半票 3.25 欧元
🌐 www.gallerieaccademia.org

　　美术学院陈列馆属于 18 世纪水城的新古典风格，这个时期强调简化建筑元素，不过它的内涵远重于外观，因为这里是威尼斯艺术最大的收藏中心，威尼斯画派的最大特色便是色彩深浅及光影的技巧性应用。

　　美术学院陈列馆收藏了 14—18 世纪威尼斯画派的主要作品，有 15 世纪威尼斯画派开山始祖贝里尼兄弟、早夭的天才乔久内、在明暗用色方面影响深远的卡拉瓦乔，16 世纪的代表当然是擅用金色的提香（Titian）及擅用银色的维若内塞（Paolo Veronese），18 世纪以风景画出威尼斯面貌的卡纳雷多（Canaletto）。

　　贝里尼一家（父、兄弟、妹婿）几乎垄断了 15—16 世纪的威尼斯画坛，尤其是弟弟乔瓦尼·贝里尼（Giovanni Bellini），他将人物以静物画的方式处理，加上采取来自法兰德斯的油彩作画，使画面柔和且色彩丰富。贝里尼虽是威尼斯画派的开创者，但他教出的两位弟子——师兄乔久内（Di Castelfranco Giorgione）与师弟提香成就更高。提香认为师兄比师父有才气，于是以兄为师，惹恼了贝里尼，而把两人赶出师门。由此事也可知乔久内的天纵英才，有人说，若非他早夭，他将是美术史上的巨人。

圣罗科大会堂
(Scuola Grande di San Rocco)

🏠 San Paolo 3052
🚌 搭水上巴士 1、82 号线在 S.Toma 站下
☎ （041）5234864
🕐 9:00~17:30
¥ 全票 7 欧元、半票 5 欧元
🌐 www.scuolagrandesanrocco.it

　　圣罗科生于南法，到意大利朝圣并帮助瘟疫患者，死后被封为圣人，而成为保护水城不受瘟疫侵袭的守护者。而这种教会所创立的"学校"（Scuolo）是威尼斯特有的组织，是兄弟会为贫病阶层提供援助的慈善机构，但由于接受各方捐赠使得这些"学校"变得很富有。

　　1564 年这里举行室内装饰竞赛，当时参与的艺术家都是威尼斯的知名人物，包括维若内塞以及丁特列多，最后由丁特列多将他的作品《圣罗科的荣耀》（San Roccoin Gloria）事先放入屋内而获胜。丁特列多在 1564—1588 年期间，以彩绘于内墙及天花板上一系列有关圣人事迹的壁画而著称。

弗拉里教堂
(Basilica di Santa Maria Gloriosa dei Frari)

🏠 Campo dei Frari
🚐 搭水上巴士 1、82 号线在 S.Toma 站下
🕐 周一至周六 9:00-18:00，周日 13:00-18:00
💰 3 欧元

　　这座哥特式教堂建于 13 世纪，由圣方济会教士在 14—15 世纪间扩大其规模。其内部的艺术价值不可小觑，中央祭坛摆放的是威尼斯画派的光影大师提香非常有名的《圣母升天》（*Assunta*），其内还有乔瓦尼·贝里尼（Giovanni Bellini）的作品。

　　提香是威尼斯文艺复兴时期的代表人物，这幅画正好将提香创新的手法展露无遗，他用色大胆，画中人物栩栩如生，另外还有《佩萨罗圣母》（*The Madonna di Ca'Pesaro*）也是出自提香之手，画中圣母被佩萨罗家族成员所包围。

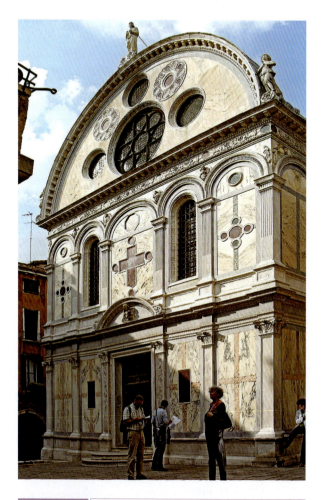

**奇迹
圣母堂**
(Santa Maria
dei Miracoli)

🚌 搭水上巴士 1、82 号线在 Rialto 站下
🕐 周一至周六 10:00-17:00
💴 3 欧元
🌐 www.chorusvenezia.org

　　这座小巧的教堂很叫人惊艳，躲在不起眼的小巷弄里，傍河而立。教堂建于 15 世纪下半叶，属于文艺复兴前期的风格，圆柱形屋顶覆盖于长方形的主体上，形成半月楣状的特殊正面；外部全被饰以仔细切割的彩色大理石，像一个精致的珠宝盒，这座教堂深受水城居民喜爱教堂，因此又被昵称为"威尼斯文艺复兴的宝石"。

漫游
意大利

安康圣母教堂
(Basilica di Santa Maria della Salute)

🏠 Dorsoduro 1
🚌 搭水上巴士 1 号线在 Salute 站下
☎ （041）2411018
🕐 9:00–12:00, 15:00–18:00
💰 免费
🌐 www.seminariovenezia.it

星级推荐

　　这座华丽的圆顶教堂是为了庆祝 1630 年时瘟疫结束而建，可说是水城巴洛克风格的极致，出自隆格纳大师之手。大师从 32 岁起，将其毕生的精力都投注于此，在他去世之后 5 年，这座拥有八角形外观的纪念教堂才终于落成，前后费时长达半个世纪。不过大师的心血并没有白费，如今它已成为水城大运河畔最具代表性的地标之一。在圣马可广场远眺夕阳西下的威尼斯黄昏时，就可看到教堂最美丽的剪影。教堂内部同样有着价值连城的画作，在圣器收藏室内有数幅提香的画作及丁特列多的《加纳的婚礼》（*The Marriage of Cana*），都是不容错过的作品。

圣乔治大教堂
(Chiesa di San Giorgio Maggiore)

🏠 Isola di S.Giorgio Maggiore
🚌 搭水上巴士 82 号线在 S.Giorgio 站下
🕐 5—9 月 9:30-12:30、14:00-17:30，10 月至次年 4 月 9:30-12:30、14:30-17:00
💴 教堂免费，钟塔 3 欧元

这座漂亮的教堂出自大师帕拉第奥（Andrea Palladio）之手，是典型的帕拉第奥式教堂，可惜大师未能看到完工后的模样。与东方的通商，使中世纪的威尼斯开始发展出自己独特的建筑风格，例如威尼斯的哥特式风格，就是一种混合了拜占庭圆顶、伊斯兰尖塔及哥特式拱门、四叶饰雕刻的建筑。

帕拉第奥在威尼斯重现了一系列古典风格的建筑，是建筑界一个重要的里程碑。这座教堂打破了当时以哥特式为主流的建筑风潮，在威尼斯呈现出古典建筑简约和谐的特征，并运用类似古罗马浴场的设计来打造这座教堂。除了建筑，教堂内也有大师丁特列多的艺术品，分别是《最后的晚餐》（*The Last Supper*）以及《天上的吗哪》（*Manna from Heaven*）等等。

搭乘电梯前往钟楼，可以站在离岛的方向，远眺威尼斯及潟湖全景。位于离岛的圣乔治马雷教堂，远离了主要观光区，观光客相对较少，一旁的码头静静地停满船只，更显出此处的僻静。

吃在威尼斯

哈利酒吧
Harry's Bar

- Sestiere San Marco 1323
- 搭水上巴士 1、41、42、51、52、82 号于 S.Zaccaria 站下
- （041）5285777
- 10:30～23:00
- www.harrysbarvenezia.com

　　从一位糕点师傅，到饭店服务生，而后成为酒吧拥有者，朱塞佩·希普利亚尼（Giuseppe Cipriani）因为热爱服务人群以及与人们接触，进而从求职的途中一路找到人生的目标，在 1931 年时创立了哈利酒吧。当时的威尼斯已然是欧洲人热爱前往的旅游城市，位于圣马可广场旁的昔日缆绳仓库的哈利酒吧，打从第一天营业开始生意就络绎不绝。许多名人，包括卓别林以及古根汉基金会的佩姬·古根汉均造访过这里。

油画咖啡馆
Ristorante Gran Caffè Quadri

- Piazza San Marco 121
- 搭水上巴士 1、41、42、51、52、82 号于 S.Zaccaria 站下
- （041）5222105
- 9:00～23:30
- www.quadrivenice.com

　　油画咖啡馆创立于 1775 年，一位他乡来的年轻人带着他所有的财产和希腊妻子一同到威尼斯谋生，卖起了所谓"煮熟的黑水"，油画咖啡馆不但见证了威尼斯共和国的存亡，并成为世界上少数历经时代变迁却依旧无损其时尚魅力的餐厅。咖啡馆在 1830 年开始增设餐厅，来拜访过的名人无数，包括法国小说家普鲁斯特，以及法国前总统密特朗和美国导演伍迪·艾伦等。

Il Caffè Florian
🏠 Castello 5453
🚌 搭水上巴士 1、41、42、51、52、82 号于 S.Zaccaria 站下
☎ (041) 5222105
🕐 9:00–24:00
🌐 www.caffeflorian.com

　　这间 1720 年时创立于圣马可广场上的咖啡馆，是威尼斯，甚至意大利最古老的咖啡馆之一，由于坐拥圣马可广场的美景和欢乐的气氛，使它不但广受文人和艺术家的喜爱，更是观光客的朝圣地点之一。咖啡馆内装饰着华丽的壁画，户外的露天座位则洋溢着现场演奏的音乐，良好的服务和高质量的产品，让这里成为优雅的代名词，一旁的附属商店出售咖啡、巧克力、茶，甚至餐具等商品。

Osteria Ai Assassini
🏠 San Marco 3695
🚌 搭水上巴士 1 号于 San Angelo 站下
☎ (041) 5287986
🕐 周一至周六 12:00–15:00、18:45–22:00

🌐 www.osteriaaiassassini.it

　　这家店坐落在一条寂静的巷子里，店名是意大利文"杀手"的意思，借以讽刺喝酒过量。餐厅内灯火昏黄，光是看吧台的瓶瓶罐罐已经很吓人了，几乎每桌客人都有一壶葡萄酒，或是一大瓶啤酒，难怪会喝酒过量。这里会供应一些下酒的小菜，你不妨试试玉米糕，或是加上奶酪的烤番茄。

L'Aciugheta
🏠 Castello 4357
🚌 搭水上巴士 1、41、42、51、52、82 号于 S.Zaccaria 站下
☎ (041) 5224292
🕐 11:30–13:00、18:30–23:30
🌐 www.aciugheta-hotelrio.it

　　这间店坐落于利澳酒店（Hotel Rio）的一楼，以它杰出的葡萄酒单著称。除了美酒之外，餐厅提供的点心和开胃菜也非常美味，像是小肉球、鳀鱼小比萨饼以及塞馅料的彩椒等等，都相当受欢迎。另外位于广场上的露天座位也相当舒适，天气晴朗时别有一番悠闲的气氛。

购在威尼斯

Artigian Carta

⌂ Frezzeria1 797

🚌 搭水上巴士 1、82 号于
Vallaresso 站下

☎（041）5225606

🕐 周一至周六 10:00-13:00、
14:00-19:00

　　这是一家相当高级而优雅的文具店，有皮革制的笔记本与意大利著名的云石纸，产品造型虽然简单，不过却透着贵族般的气质，连里面的售货员都西装笔挺，一副温文儒雅的模样，附近还有专属的工作坊可以参观。

Il Prato

⌂ San Marco 2456/9

🚌 搭水上巴士 1 号于
S.MariadelGiglio 站下

☎（041）5231148

🕐 10:00-19:00

🌐 www.ilpratovenezia.net

　　店内所有的艺品全都以手工完成，其中包括文具、面具、木偶等等，2000 年时更开始提供产自历史最悠久的慕拉诺玻璃工厂（Barbini 以及 Vivarini）的玻璃制品。2008 年时该公司除了售卖皮质办公室文具外，更提供男士旅行用的手提包和文件夹等等，总之商品包罗万象，但因为质量较好所以价格相对也比较高。

Jolly

⌂ Castello 4683/D-E

🚌 搭水上巴士 1、41、42、51、
52、82 号于 S.Zaccaria
站下

☎（041）5235565

🕐 10:00-19:00

🌐 www.jollyvenezia.com

　　在圣扎卡利亚教堂（Chiesa di San Zaccaria）的对面，坐落着几间高雅独特的小精品店，售卖设计师自己的独创产品，其中特别以威尼斯当地著名的玻璃制品为主。店里的玻璃产品极具原创性，不过价格比起一般的纪念品店也稍高，建议你可以先好好欣赏一下，想必会发现它与其他纪念品店中出售的商品有何不同。

Anticlea Antiquariato

🏠 Castello 4719
🚍 搭水上巴士 1、、、42、51、52、82 号于 S. accaria 站下
☎ （041）528694
🕐 10:00~19:00

　　这是一家以卖" 玻璃珠"著称的饰品店，店内 首饰都采用复古的玻璃珠串成, 彩缤纷令人爱不释手，除了现场 售的首饰外，店家另提供订制服 只需要将你的想法告诉店家， 获得一件专为你量身打造的饰

Bottega dei Mascareri

🏠 San Polo 80
🚍 搭水上巴士 1 号线在 Ri 站下
☎ （041）5223857
🕐 9:00~18:00
🌐 www.mascarer.com

　　这间专门卖威尼斯面具的店，坐落于利雅得桥附近。在它不算大的店面里，摆满了各式各样的面具，橱窗中琳琅满目地展示着一件件充满艺术魅力的作品。

Venetia Stadium

🏠 San Marco 2403
🚍 搭水上巴士 1 号于 S.MariadelGiglio 站下
☎ （041）5229281
🕐 周一至周六 9:30~19:30，周日 10:30~19:30
🌐 www.venetiastudium.com

　　这间专门售卖丝织品的商店，从染色到打折全都采用纯手工，店内商品选择众多，从丝巾、包包到抱枕套、台灯灯罩一应俱全，除此之外，就连颜色选择也非常多样，多达一百种的染料，为这些质感良好的丝制品更增加了吸引人的要素。

帕多瓦

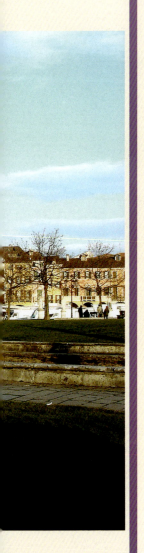

　　位于意大利东北部威尼托区（Veneto）的小城帕多瓦，被称为"美丽的大学城"，市内洋溢着一股浓厚的学术气息。

　　这座意大利北部的古城，东距威尼斯35千米。其历史悠久，建成于公元前302年，当时是一个渔村，公元前45年成为自治城，是当时罗马帝国最繁华的城市。伽利略曾于1592—1610年间在此任教，帕多瓦大学的医学系在欧洲具有崇高的声名，该大学不但是意大利历史第二悠久的大学学府，1678年时，第一位意大利女性大学生也是在此毕业，当时全欧洲的大学尚未允许女子就读。

　　而帕多瓦的动人之处不只如此，"文艺复兴的绘画之父"乔托曾于1303—1305年为此城做艺术妆点，因此在知性的氛围中，帕多瓦同时隐含着感性之美。

帕多瓦交通

如何到达——火车

帕多瓦位于米兰连接威尼斯的铁路线上，因此每天有多班火车前往该市。米兰每天约有 25 班火车前往帕多瓦，车程约 2～2.5 小时；至于威尼斯则几乎每 30 分钟就发一班车，车程约半小时。另外，由维洛纳（Verona）前往帕多瓦车程约 1 小时，也是每 30 分钟发一班车；至于维琴察（Vicenza）与帕多瓦之间交通更频繁，几乎每 20 分钟就有一班车，车程约 20分钟。正确班次、详细时刻表及票价可上网或至火车站查询。从火车站步行至市区约 15 分钟。

市区交通

帕多瓦面积较小，游客可以步行游览大部分景点。

旅游咨询

火车站游客服务中心

🏠 PiazzaleStazioneFerroviariaPadova

☎ （049）8752077

🕐 周一至周六 9:00-19:00，周日 9:15-12:30

🌐 www.turismopadova.it

桑托广场游客服务中心

🏠 Piazza del Santo Padova

☎ （049）8753087

🕐 周一至周六 9:00-19:00

精华景点

斯克罗威尼礼拜堂
(Cappella degli Scrovegni)

- 从火车站步行前往约 7 分钟
- （049）2010020
- 9:00-19:00
- 11 欧元，外加预约费用 1 欧元
- www.cappelladegliscrovegni.it
- 参观斯克罗威尼礼拜堂需预约，电话预约时间周一至周五 9:00-19:00、周六 9:00-18:00，也可以上网预约

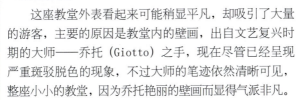

MUST-VISIT 必游之地 PLACES

　　这座教堂外表看起来可能稍显平凡，却吸引了大量的游客，主要的原因是教堂内的壁画，出自文艺复兴时期的大师——乔托（Giotto）之手，现在尽管已经呈现严重斑驳脱色的现象，不过大师的笔迹依然清晰可见，整座小小的教堂，因为乔托艳丽的壁画而显得气派非凡。

　　教堂建于 1303 年，是恩里克·斯科罗维尼（Enrico Scrovegni）专为他父亲的墓园所建，因为他父亲拒绝以基督徒的方式埋葬，于是他延聘佛罗伦萨画派的首席画家乔托替教堂内部作装饰，当时正值乔托创作的巅峰时期。乔托的壁画完成于 1304—1306 年之间，教堂内有三段叙述圣母玛丽亚与耶稣的故事，其中最著名的是《犹大之吻与圣殇》，最靠近入口的是《最后的审判》。

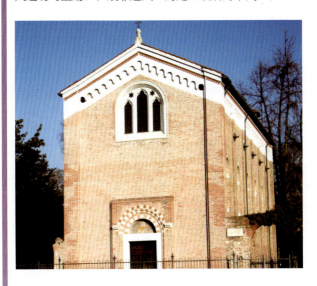

帕多瓦大学
(University of Padova)

🚶 从火车站步行前往约 15 分钟
🏠 Via VIII Febbraio
☎ （049）8273047
🕐 玻之宫（Palazzo del Bo）只开放导览行程，3—10月周一、周三和周五 15:15、16:15、17:15，周二、周四和周六 9:15、10:15、11:15；11 月至次年 2 月没有 9:15 和 17:15 两个梯次
💴 5 欧元

星级推荐

　　帕多瓦大学成立于 1222 年，是意大利继波隆那大学之后最古老的大学。玻之宫（Palazzo del Bo）是帕多瓦大学的中心，建于 1542—1601 年。1592—1610 年间伽利略曾在此任教，因此其中的四十大厅（Sala dei Quaranta）又被称为伽利略教堂，大教室（Aula Magna）则饰满各种徽章，而兴建于 1594 年的解剖教室，其剧场式的座位设计非常特别。1678 年时，全世界第一位获得大学文凭的女性帕丝珂皮雅（Elena Lucrezia Corner Piscopia）在此毕业，在校园中庭可以看见她的雕像。

理性宫
(Palazzo della Ragione)

🚶 从火车站步行前往约 15 分钟
🏠 Pizza delle Ragione
🕐 周二至周日 9:00-18:00
💴 4 欧元，有展览时 8 欧元

　　庞大的理性宫雄踞建筑群的中央，它也被称为大厅堂，是 1218 年为帕多瓦的法院及议会而建。它曾经装饰着与其规模同样惊人的壁画，然而最初由乔托和他门徒绘制的壁画，因 1420 年的一场大火而摧毁，只留下一部分出自朱斯托德·梅纳布欧（Giusto de'Menabuoi）之手的作品，现存与占星历法相关的壁画则是尼科拉·米雷托（Nicola Miretto）的创作。香草广场（Piazza dell'Erbe）和水果广场（Piazza della Frutta）位于理性宫的两侧，当地人常来这里采购水果、蔬菜等，因此气氛相当热闹。

圣安东尼奥教堂
(Basilica di Sant' Antonio)

🏠 Piazza del Santo
🚶 从火车站向南步行 20 分钟
☎ （049）8242811
🕐 9:00–12:30，14:30–19:00（冬季至 17:00）

圣安东尼奥教堂风格独特，具有类似于清真寺尖塔及拜占庭圆顶的建筑元素。教堂建于 1231 年，是为纪念帕多瓦的守护圣人圣安东尼奥而建。内部的主祭坛有文艺复兴时期的大师多那太罗所做关于圣人事迹的浮雕，不少信徒抚着圣安东尼奥的石棺祈祷。

教堂外的广场上有一尊威风凛凛的青铜雕像，这是一名叫作伊拉斯莫·达·南尼（Erasmo da Narni）的军人，据说他是威尼斯共和国的佣兵队长，其绰号为加塔梅拉塔（Gattamelata），意为"狡黠的猫"。这座著名的雕塑是多那太罗的大作。

沼泽绿地
(Prato della Valle)

🚌 Via Prato della Valle
🚶 从火车站步行前往约 25 分钟
🕐 全天
💴 免费

从其椭圆形状便可看出，此绿地由古罗马剧场改建而成。圣安东尼奥曾在这里向人民讲道，但由于疏于照顾，这片绿地广场曾一度成为滋生疾病温床的沼泽地，1767 年修建运河放干积水，后在威尼斯大法官的建议下，改建成今天的模样。

原本的运河围绕于椭圆草坪的周遭，有四座石桥横跨其上，还有 78 尊帕多瓦的名人雕像林立于河道两旁，不远处的圣裘斯汀娜教堂（Basilica di S.Giustina）建于 16 世纪，具有和圣安东尼奥教堂相似的外观，也有 8 座大圆顶。

维罗纳

　　维罗纳是威尼托地区仅次于省会威尼斯的第二大城市，也是北边最繁荣的城市之一。

　　维罗纳拉丁语的意思为"极高雅的城市"，是意大利最古老、最美丽的城市之一。早在公元前 1 世纪，这里是古罗马帝国的一处重要驻防地，它的市中心至今仍保存着相当完整的古罗马遗迹，其中最著名的便是每年夏天举办歌剧节的圆形剧场。这个圆形剧场是现今世界上所存的第三大古罗马竞技场，其规模之庞大，让人在仲夏夜的《阿依达》歌声中，仍能体验帝国曾经拥有过的荣光。

　　维罗纳还有一个举世闻名的景点——朱丽叶之家，据说莎士比亚的《罗密欧与朱丽叶》剧中的角色，就住在这里，另外还有她的坟穴，也成了大家参观的重点。

维罗纳交通

如何到达——火车

维罗纳位于米兰连接威尼斯的铁路线上，因此每天有多班火车前往该市。米兰和威尼斯约每30分钟就有一班火车前往维罗纳，车程各约1小时40分和1小时30分；至于帕多瓦和维琴察也都有火车前往维罗纳，同样几乎每30分钟就发一班车，车程各需1小时和半小时。

火车站往返市区交通

维罗纳的新门火车站（Verona Porta Nuova）位于市区的南边，从火车站至市中心的布拉广场（Piazza Bra）约为1.5千米，步行约20分钟。游客还可以乘坐11、12、13号巴士抵达市中心。

市区交通

维罗纳城市的规模较大，但由于景点相对比较集中，因此步行着就可以游玩以圆形剧场为中心的大部分景点。

旅游咨询

游客服务中心 IAT Verona

- ⌂ Via degli Alpini 9（位于市中心布拉广场）
- ☎ （045）8068680
- ◔ 周一至周六 9:00-19:00，周日 10:00-16:00
- ⊕ www.tourism.verona.it

游客服务中心（火车站）

- ⌂ Stazione F.S. Porta Nuova（位于火车站内）
- ☎ （045）8005681
- ◔ 4—10月周一至周六 8:00-21:00，周日 9:00-15:00

精华景点

圆形剧场	🏠 Piazza Bra
(Arena)	🚃 从火车站步行前往约 15 分钟
	☎ （045）8005151
	🕐 8:30–19:30，户外歌剧期间于 15:30 提早休息，3 月周一 13:30–19:30，周四 8:30–14:00
	💴 4 欧元，每月第一个周日免费
	🌐 www.caffepedrocchi.it

　　于公元 30 年建造完成的圆形剧场，是维罗纳最伟大的地标，也是此城最明显的罗马遗迹之一；这座曾吸引各地居民前来的"公共刑场"，可容纳 25 000 名观众欣赏血腥的人兽竞技，而今在夏季的星空下，则飘荡着乐音悠扬的歌剧。许多的大型音乐会、歌剧都会在此演出，其中最受好评的是威尔第的作品《阿伊达》。如果有机会，不要错过在圆形剧场内聆听意大利歌剧的机会。

朱丽叶之家
(Casa di Giullietta)

🏠 Via Cappello 23
🚃 从火车站步行前往约 20 分钟
☎ （045）8034303
🕐 周一 13:30-19:30，周二至周日 08:30-19:30
💴 4 欧元

必游之地 MUST-VISIT PLACES

　　受到莎士比亚笔下《罗密欧与朱丽叶》的影响，这幢朴素民宅的阳台已成为膜拜爱情的圣地，立于中庭的女主角朱丽叶雕像，也成为游客拍照不可或缺的背景。

　　其实罗密欧与朱丽叶的故事是由维琴察人（Vicenza）路易吉·达·波多（Luigi da Porto）于16世纪时写成的悲剧，给予后世作家不少的灵感，其中当然也包括莎士比亚在内。不过根据考证的结果，凯普莱特（Capulets）和蒙太古（Montagues）家族确实存在，然而故事中的男女主角却是完全杜撰，至于这栋房子则兴建于14世纪。

领主广场
(Piazza dei Signori)

🏠 Piazza dei Signori
🚃 从火车站步行前往约 20 分钟
🕐 全天
💴 免费

星级推荐

　　这是此城最具"政治味"的广场，中央为立于19世纪的但丁雕像，但丁在被佛罗伦萨放逐的期间，曾为维罗纳的史卡立杰利家族服务。

　　但丁雕像背后是建于15世纪的议会回廊（Loggia del Consiglio）。这座美丽的拱廊式建筑，洋溢着浓浓的文艺复兴风格，正立面饰以壁画，并于屋顶上装饰着有多座小石像，理性宫的中庭入口就在此处。法理宫内有1446年增建的"理性阶梯"，值得一探。

　　广场旁最令人惊异的当属史卡立杰利家族的石棺群，极具哥特风情的尖塔罩在石棺外围，象征这个中古世纪维罗纳最善战的家族，留给后世不朽的骑士精神。

圣安娜 斯塔西 亚教堂 (Chiesa di Sant' Anastasia)	🚶 从火车站步行前往约 25 分钟 📞 （045）592813 🕐 3—10 月周一至周六 9:00-18:00、周日 13:00- 18:00，11 月至次年 2 月周二至周六 10:00- 13:00、13:30-16:00、周日 13:00-17:00 💴 2.5 欧元 🌐 www.chieseverona.it

　　这座又高又大的教堂，是 13 世纪末为多明尼各教会的红衣主教们的聚会所建，属于哥特式风格，落成于 1481 年的它是维罗纳最大的教堂。

　　采用《圣经·新约》为主题的 14 世纪雕刻装点着大门，内部则以皮萨内洛（Pisanello）的缤纷壁画吸引游客目光，至于采用写实风格雕成的驮负圣水皿的乞丐像，被称为"驼背人"，是该教堂的艺术极品。

朱丽叶 之墓 (Tomba di Giulietta)	🏠 Via del Pontiere 35 🚶 从火车站步行前往约 10 分钟 📞 （045）8000361 🕐 周一 13:45-19:30，周二至周日 08:30-19:30 💴 3 欧元

　　从布雷拉广场沿着蓬蒂耶莱路（Via del Pontiere）走，你会看到一座近似荒废的公园，这里有着传说中的朱丽叶坟墓（其实是一个空的棺椁），位于地下的密室内。虽然朱丽叶只是个虚构的人物，然而有时还有人前来献花，并且还有各地粉丝寄信给她，可见莎士比亚创造角色之成功，是何等震撼人心。旁边是一个湿壁画艺术馆（Museo degli Affreschi），陈列了一些湿壁画作品，地下一楼还有罗马时代的器皿展示。

米兰

　　据说米兰最早的历史可回溯到公元前 7 世纪，当时一群定居于波河流域的凯尔特人，创立了这座城市，然而一直要到公元前 222 年米兰被罗马人占领，并赋予它"城市中心"（Mediolanum）的名称，才开启了米兰的文明历程。

　　黑暗时期一支来自中欧的蛮族伦巴第人，原本想经由北意平原前往法国，却发现这片富庶之地适于居住，因此就在这里生根，日后这个地区便成为伦巴第大区的中心，也就是米兰。

　　11 世纪时，米兰建立弗里敦邦体制，并对抗神圣罗马帝国的腓特烈大帝；13 世纪进入领主的统治时期，最重要的家族首推维斯康提（Visconti）与斯福尔扎（Sforza），当他们的权势达到最高峰时，大量延聘来自外地的艺术家美化城市，其中最有名的当属达·芬奇，他为米兰留下包括《最后的晚餐》在内的多件不朽作品。

　　当领主相继式微后，米兰再度陷于混战中，此时正如意大利大文豪曼佐尼（Manzoni）笔下描绘，遭瘟疫与西班牙人蹂躏的米兰，苍凉而凄惨。18 世纪因奥地利入侵，意大利各城邦发起中兴思想，米兰成为意大利统一战争中的先锋。

米兰交通

如何到达——机场至市区交通

火车站机场线

米兰有林纳特机场（Linate Airport）及马尔本萨机场（Malpensa Airport）两座机场，一般国际航班均降落离市中心约50千米的马尔本萨机场，马尔本萨共有两个航站楼，彼此之间每15分钟有免费的往返巴士，林纳特机场规模较小，大多为国内班机使用，距离市区仅7千米，两座机场与市区的往来交通皆相当方便。马尔本萨机场有一班前往米兰市中心的马尔本萨快车（Malpensa Express），行驶于第一航站楼和北站（Stazione Ferrovie Nord）之间，在此火车站可以转搭1、2号线地铁（Cadorna站）或出租车等交通工具前往其他目的地。马尔本萨快车每30分钟一班，沿途还会停靠Busto Arsizio、Saronno以及Milano Bovisa站，往来于机场和

北站全程约50分钟。

马尔本萨快车

☎ （02）85114382

🕐 4:20-23:25

¥ 11 欧元

🌐 www.malpensaexpress.it

机场巴士

有三家巴士公司经营往来米兰和马尔本萨机场之间的交通路线，它们都是从机场的第一航站楼发车，以米兰的中央车站（Stazione Central）为终点，Malpensa Bus Express每日营运于6:00-12:30之间，车程约50分钟，班次密集，该巴士在第二航站楼也设有停靠站；Malpensa Shuttle Air Pullman车程约50分钟，也停靠第二航站楼，时刻表请上网查询（www.sea-aeroportimilano.it/pdf/AirPulmann.pdf）；Malpensa Express Ferrovie Nord Milano每天6:00、10:45、

11:15、00:15、1:15发车，车程约1小时，发车地点为第一航站楼的1楼火车站。

Malpensa Bus Express
☎ （02）33910794

Malpensa Shuttle Air Pullman
☎ （02）58583185

Malpensa Express Ferrovie Nord Milano
☎ （02）85111

出租车
从机场搭乘出租车前往市区约40～50分钟的时间，车资约在70～80欧元左右，此外还必须支付机场使用费和行李费。

如何到达——火车

从意大利主要城市或是欧洲内陆前往罗马的火车一般都停靠中央车站（Stazione Central F.S.），此火车站无论换乘地铁或巴士均相当方便。其他位于米兰近郊的城镇，可能会停靠其他像是北站、加里波第门车站（Stazione Porta Garibaldi）、罗马门车站（Stazione Porta Roma）等，除维多利亚门车站（Stazione Porta Vittoria），米兰的火车站均与地铁站衔接，因此交通相当方便。详细时刻表及票价可上官方网站或至火车站查询，购票可至火车站柜台购买。

意大利国铁
🏠 Ferrovie dello Stato
☎ 848888088
🕐 7:00-21:00
🌐 www.trenitalia.com

欧洲国铁
🌐 www.raileurope.com

如何到达——巴士

所有往米兰的国际巴士或长途巴士，甚至许多区域巴士都停靠在加里波第车站前，从这里可转搭2号地铁前往其他地方。

市区交通

大众交通票券
米兰的大众交通工具（地铁、电车、巴士）共用同一种票券，除地铁限搭一次外，其他交通工具可在有效时间内（75分钟）彼此换乘，成人单程每趟1欧元，10张一本的套票9.2欧元，另有交通周游券发售，分为1日券（3欧元）、2日券（5.5欧元）等等。第一次使用周游券时，必须在车上的打卡机上打卡，上面会显示使用的时间。虽然在这里搭乘大众交通工具不一定会设有验票闸口，但是如果被抽查到没买票，则罚款数倍。

ATM 大众交通工具洽询处
🏠 Duomo、Central、Cadorna、Loreto、Romolo、Garibaldi 等站均设有服务柜台

◎ 周一至周六 7:45-19:15

🌐 www.atm-mi.it

地铁

　　米兰共有四条地铁，分别以颜色作为区别，M1 红色、M2 绿色、M3 黄色，另一条称为 passante ferroviario 的则为蓝色，网络分布密集且四通八达，并在中央车站、大教堂、卡多尔纳站（Cadorna）以及洛雷托（Loreto）等大站相连接。由于米兰的主要景点多分布于市中心，因此 M1 和 M3 最常为游客使用，像是前往大教堂、史卡拉剧院、安吉布罗美术馆等，都可搭乘这两线前往，其他像是布雷拉美术馆和斯福尔扎城堡，则可搭乘 M1 抵达。地铁的行驶时间在 6:00-24:00 之间。

巴士和电车

　　米兰的地铁网络大致算密集，因此从各地铁站前往景点需步行的时间多在 10 分钟以内，所以使用到巴士与电车的机会并不高，如果你想浏览城市风光，搭乘巴士和电车也不失为好方法。大部分的站牌上都会展示路线与方向，巴士和电车主要行驶时间在 6:00 至午夜之间。

出租车

　　米兰街头没有随招随停的出租车，因此想搭出租车的人必须前往大教堂广场（Piazza Duomo）、

Largo Cairoli、Piazza San Babila 以及中央车站（Stazione Centrale）的出租车招呼站上揽车，或是拨打电话叫车。车资按表计费，基本起跳 3 欧元，之后每 1 千米追加 0.1 欧元，节假日或夜间另有加成费用，另放置行李箱的行李每件收取 1 欧元。

旅游咨询

米兰旅游客务中心

🏠 Piazza Duomo 19/A

☎ （02）77404343

◎ 周一至周六 8:45-13:00、14:00-18:00，周日 9:00-13:00、14:00-17:00

🌐 www.milanoinfotourist.com

马尔本萨机场游客服务中心

🏠 机场入境大厅

◎ 9:00-16:00

中央车站游客服务中心

🏠 Stazione Central

☎ （02）77404318

◎ 周一至周六 9:00-18:00，周日 9:00-13:00、14:00-17:00

精华景点

米兰大教堂
(Milan Cathedral)

🏠 Via Arcivescovado 1
🚇 乘地铁 1、3 号于 Duomo 站下车
☎ （02）72022656
🕐 大教堂 8:30-18:45，屋顶 2 月 8 日—3 月 28 日 9:00-17:45、3 月 29 日—10 月 24 日 9:00-22:00、10 月 25 日至次年 2 月 7 日 9:00-16:45
¥ 大教堂免费，搭电梯登顶 8 欧元、徒步登顶 5 欧元
🌐 www.duomomilano.it

米兰大教堂是继梵蒂冈圣彼得大教堂、西班牙塞维尔大教堂之后的世界第三大教堂，也是米兰最大、最值得骄傲的地标。教堂始建于 1386 年，直到 20 世纪才算整体完成，前后几乎花了 600 年。最初在主教安东尼奥·达·萨鲁佐（Antonio da Saluzzo）的赞助下，依伦巴第地区的风格来设计，不过因维斯康提家族的加莱·阿佐（Gian Galeazzo）坚持，除本地外还聘请了日耳曼及法兰西等地的建筑师，并使用康多伊亚（Candoglia）大理石，以国际哥特风格续建教堂。1418 年马汀诺五世为主祭坛举行启用圣仪，1617 年开始教堂正立面的工程，依然采用一贯的哥特设计，1774 年在主尖塔的顶端竖立圣母像，1813 年正面与尖塔才全部完成，至于正面的五扇铜门则是 20 世纪新增的部分。登上教堂屋顶可亲身体验哥特建筑的鬼斧神工，更可以感受到大教堂历时 600 年的工程对人类城市美学的伟大贡献。

维托里奥·埃马努埃莱二世长廊
(Galleria Vittorio Emanuele II)

🏠 Galleria Vittorio Emanuele II
🚇 乘地铁 1、3 号于 Duomo 站下车，后步行约 1 分钟可达
🕐 全天
💴 免费

星级推荐

　　长廊是建筑师蒙哥尼（Giuseppe Mengoni）于 1865 年设计，两年后由当时的意大利国王埃马努埃莱二世主持落成典礼。19 世纪中后期到 20 世纪初期，由于受到法国新艺术（Art Nouveau）浪潮的影响，意大利也产生类似的"自由艺术"（Il Liberty）革命，它最大的特色便是大量运用各种线条形状的铁，埃马努埃莱二世长廊便布满了这类的美丽装饰。

　　十字长廊交叉处的八角形广场顶上，有着以马赛克拼贴出的象征亚洲、非洲、欧洲及美洲的半月楣饰。长廊内有不少高级名品店进驻，再加上位于大教堂旁边，这个挑高的商场总是挤满人群，长廊内的麦当劳也就成了最受游客欢迎的用餐去处。

斯卡拉歌剧院
(Teatro alla Scala)

🏠 Via Filodrammatici 2

🚇 乘地铁 1、3 号于 Duomo 站下车，后步行约 10 分钟可达

☎ （02）88791

🕐 斯 卡 拉 剧 院 博 物 馆 09:00–12:30、13:30–17:30，注意斯卡拉剧院博物馆于 12/7、12/24 下午、12/25、12/26、12/31、1/1、复活节、5/1 和 8/15 休息，不对外开放

💴 斯卡拉剧院博物馆全票 5 欧元、半票 2.5 欧元

🌐 www.teatroallascala.org

星级推荐

　　歌剧院的原址是"斯卡拉的圣母"教堂，是 14 世纪时由贝纳玻·维斯康提（Bernabo Visconti）之妻——斯卡拉王后下令兴建，这也是剧院名称的由来。

　　1776 年奥地利建筑师皮耶尔马里尼（Giuseppe Piermarini）对这里进行了改建，他也是为奥地利改建米兰王宫的设计师，因此两者都带着同样的新古典风格；两年后的 8 月 3 日以安东尼奥·萨列里的歌剧作为开幕首演。第二次世界大战时歌剧院遭炸弹炸毁，不过很快依原型重建。

　　内部舞台面积达 1 200 平方米，可容纳两三千名观众的座位厅，以金漆木材搭配红绒布幕，金碧辉煌。从一旁的斯卡拉剧院博物馆（Museo Teatrale Alla Scala）可欣赏到剧院内部，包括舞台及座位区，舞台面对着弧形的六层座位区，游客可在座位区内参观整座剧院，即使只是面对舞台坐在观众席上，都仿佛可听见天籁般的歌剧开始上演，幸运的话还能看到工作人员在现场排演。

　　博物馆内有很大部分介绍玛丽亚·卡拉斯（Maria Callas）这位极具代表性的人物，她是歌手、舞者及导演，是最受欢迎也最具争议的女主唱，其呈现的身体语言及歌声皆非常动人。馆内陈列着演员的剧服、剧照以及服装设计草稿，并有影片重现当时表演的音乐及介绍。此外，这里还有演员着戏服与民众互动，让游客即使无法实际观赏歌剧，也能在参观行程中过过干瘾。

　　歌剧院前方的同名广场上，立有达·芬奇的雕像，广场对面则是一幢极有文艺复兴风格的巨大建筑，那是建于 16 世纪的马里诺宫（Palazzo Marino），如今是米兰市政府的所在地。

王宫
(Palazzo Reale)

🏠 Piazza del Duomo, 12，Milano
🚌 乘地铁 1、3 号于 Duomo 站下车，后步行约 2 分钟可达 Piazza del Duomo
☎ （02）88465230

王宫在 11 世纪时还很不起眼，14 世纪时被维斯康提家族的阿佐内（Azzone）改建得美轮美奂，但到了斯福尔扎家族手中时却又褪去光华，16 世纪时曾改为米兰经常性的剧院，年幼的莫扎特还曾在此演出，不过 1776 年毁于火灾。

目前的新古典式建筑是 1778 年时奥地利大公费迪南德所建，内部的装潢与摆设都是当时米兰贵族家庭的典范。1920 年意大利国王埃马努埃莱三世让出此宫作为米兰市政府所在，今日部分为大教堂博物馆（Museo del Duomo）使用，不过目前博物馆还在整修中。

**美术学院
布雷拉
画廊**
(Pinacoteca
di Brera)

🏠 Via Brera 28
🚇 乘地铁 3 号线于 Montenapoleone 站下车，后步行约 5~10 分钟可达
☎ （02）722631
🕐 周二至周日 8:30~19:15
💴 全票 5 欧元、半票 2.5 欧元
🌐 www.brera.beniculturali.it

布雷拉画廊同时也是米兰美术学院的所在地，它的内涵重于外观，收藏了 13—20 世纪意大利主要艺术家的作品。该建筑物在 16 世纪末时修建于布雷拉的圣母玛丽亚修道院旧址上，由耶稣会教士所建，这些教士们把这里改造成颇具威望的学校，对艺术后进的培养极有贡献，影响直至今日。

馆藏品有 15—16 世纪的维内多画派与伦巴第画派的作品，和同时期的意大利中部画派、16—17 世纪的法兰德斯及荷兰画作，最精彩的则是 18—19 世纪的意大利近代大师作品。其中 6 号展览室的《死亡的耶稣》（*Cristo morto*），是蒙特那（Mantegna）代表作之一，他借由微妙的光线及透视法来呈现耶稣死亡的哀悼气氛，和同一展厅贝里尼的《圣殇》（*Pietà*）一样，都是展现悲伤的作品。

24 号展览室的拉斐尔（Raffaello）《圣母的婚礼》（*Sposalizio della Vergine*）是绘于 1504 年的祭坛画作，仔细看，后面圆形建筑上还有艺术师的名字。29 号展览室的卡拉瓦乔（Caravaggio）《以马忤斯的晚餐》（*Cena in Emmaus*），以及 37 号展览室海耶兹（Hayez）的《吻》（*Il Bacio*），都是不可错过的大师作品。

圣洛伦佐马焦雷教堂 (Basilica di San Lorenzo Maggiore alle colonne)	⌂ Corso di Porta Ticinese 39
	🚇 乘地铁 3 号线于 Missori 站下车，后步行约 15 分钟可达
	☎ （02）89404129
	🕐 7:30-18:00
	¥ 教堂免费，San Aquilino 礼拜堂 2 欧元

这座始建于 4 世纪末的教堂具有很特殊的外观，并有 16 根石柱，广场上还有君士坦丁的雕像，由此可知此地原是由希腊罗马式的异教神庙遗址改建而成的教堂。

教堂曾在 7—8 世纪时多次发生火灾，但重建时还是依循原来的罗马形式并继续扩建。由背面的维特拉广场（Piazza Vetra）望去，更能清楚地瞧见教堂外观交融着不同的建筑风格。教堂内有古老的壁画遗迹，其中还有一幅《最后的晚餐》，位于主祭坛右侧的圣阿奎利诺礼拜堂（Cappella di San Aquilino），保存着可追溯到 4 世纪的古老马赛克镶嵌画。

教堂内是人民信仰中心，而教堂外则是居民休闲之地。在入夜后，昏黄的灯光打在迷离的石柱及一旁的城门上，呈现出在米兰很少见到的浓厚罗马风情。

感恩圣母教堂的《最后的晚餐》

(Basilica di Cenacolo e Santa Maria delle Grazie)

- ⌂ Santa Maria delle Grazie 2
- 🚇 乘地铁 1 线于 Cadorna 站下车，后步行约 10 分钟可达
- ☎ 英语预约电话（02）89421146（电话服务时间：周一至五 9:00–18:00，周六 9:00–14:00）
- 🕐 周二至周日 8:15–18:45
- ¥ 6.5 欧元；另外加 1.5 欧元预约费用，需预约进场，建议越早预约越好，有时一个月前就额满，额满讯息会公布在网站上。参观每梯次限 25 人进入，每 15 分钟一个梯次
- 🌐 www.cenacolovinciano.org

必游之地 MUST-VISIT PLACES

感恩圣母教堂建于 15 世纪末，完成后两年，被米兰公爵卢多维科改为斯福尔扎家族的家庙，带来文艺复兴的建筑元素。卢多维科更请达·芬奇于 1494—1498 年为修道院餐室绘制《最后的晚餐》，成为绘画史上最重要的作品之一，兼具科学性和美感，至今犹教人赞叹不已。

《最后的晚餐》完成于 1497 年左右，画作的背景是耶稣知道自己将被门徒犹大出卖而被捕、受审、钉十字架，所以在前一晚和门徒们晚餐时，公布了这令人震惊的消息，刹那间，门徒们或惊愕或愤怒或害怕。达·芬奇的《最后的晚餐》里，门徒的窃窃私语或高昂情绪溢满整个画作，唯一我们看不清的是犹大的表情，因为他几乎正脸转向耶稣，是不是惊吓得心脏快跳出来了呢？这我们就不得而知。

除了深刻描绘出门徒们的心理状态外，《最后的晚餐》的最大成就还在于它完美的远近透视。达·芬奇以坐于正中的耶稣为视觉焦点，让画作得到视觉的凝结，且更接近人的自然经验，开启了绘画的新视野。

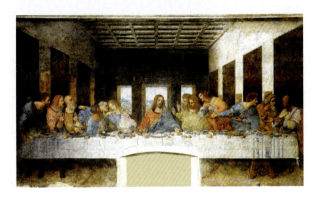

斯福尔扎古堡
(Castello Sforzesco)

🏠 Piazza Castello
🚇 乘地铁 1 号线于 Cairoli 站下车
☎ （02）88463700
🕐 城堡冬天 7:00-18:00，夏天 7:00-19:00；博物馆周二至周日 9:00-17:30。需要注意元旦、国际劳动节、复活节的周一、圣诞节不开放
💴 城堡免费；博物馆全票 3 欧元、半票 1.5 欧元
🌐 www.milanocastello.it

　　斯福尔扎古堡可以说是米兰领主的权力象征，洋溢着中世纪的氛围，为车水马龙的米兰保留了些许怀旧的氛围。城堡原是 1368 年由维斯康提家族的加莱阿佐二世（Galeazzo II）建造的防御工事，之后被改为金碧辉煌的公爵居所。因联姻关系而崛起的斯福尔扎成为米兰公爵，也成为城堡最重要的主人。

　　若说维斯康提家族以武力东争西讨，那么斯福尔扎家族则是靠文化来叱咤风云，尤其是卢多维科（Ludovico

il Moro) 招来达·芬奇和布拉曼特 (Bramante) 装饰城堡，布拉曼特是罗马圣彼得大教堂的建筑设计师，也是拉斐尔的老师，这位贵族企图将此变成文艺复兴时期意大利最豪华的社交中心，因此城堡呈现出后哥特及文艺复兴的混合形式。

不过卢多维科未竟全功，他的外交策略失败，使得米兰失去独立自由的地位。1499年后，城堡相继被西班牙、奥地利及拿破仑占领，军事用途取代了文化中心的地位。1893年经整修后，成立了不少博物馆，包括自然历史博物馆、考古学博物馆、家具博物馆等，藏品丰富，另外还有米开朗琪罗的重要作品。此外，斯福尔扎古堡里面有一座占地广阔的森皮奥内公园 (Parco Sempione)，在公园的西北处有一座类似于巴黎凯旋门的"米兰和平门"。

住在米兰

汤豪斯佳乐利饭店
Town House Galleria Hotel
★★★★★★★

🏠 Via Goldoni 31
🚇 乘地铁 1、3 号于 Duomo 站下车，后步行约 1 分钟可达
☎ （02）70156
🌐 www.townhouse.it

　　坐落于维托里奥·埃马努埃莱二世长廊内一家名店楼上的，就是这间由瑞士等级鉴定公司（SGS）评定为七星级的汤豪斯佳乐利饭店。这间饭店因为是第一家被评为七星级的饭店而备受瞩目。

　　饭店内每间房都拥有专属管家，房内细心又顶级的设备，让房客有在家般的自在感，又能满足每位房客的需求。从房客入住起，饭店内立即能得知每位客人的基本数据，包括从枕头到菜肴的喜好，而给予无微不至的服务。不过饭店的入口要从长廊的外面进入，走在长廊内能看到 2、3 楼的客房部分。

最佳西方圣乔治亚酒店
Best Western Hotel St.George
★★★★

🏠 Viale Tunisia 9
🚇 乘地铁 1 号线 Porta Venezia 出站即达
☎ （02）29516375
🌐 www.hotelstgeorge.it/

　　最佳西方圣乔治亚酒店地理位置优越，临近地铁站（Porta Venezia），位于米兰商业区内，距离热闹的布宜诺斯艾利斯购物街（Corso Buenos Aires）约 50 米。

　　该四星级酒店成立于 1967 年，共有 50 间客房，可分为 5 种房型：标准房、经典房、高级房、套房以及无装饰房（No Frills）。在这里可以体验到"真正的米兰人"的生活。

蒙弗特城堡酒店
Château Monfort
★★★★★

🏠 **Corso Concordia 1**

🚇 乘地铁 **1** 号线 **San Babila** 下车，步行约 **5** 分钟可达

☎ （**02**）**77676807**

🌐 www.hotelchateaumonfort.com

这间五星级的城堡酒店位于米兰中心区，交通便捷，地理位置优越，距离圣巴比拉广场（Piazza San Babila）和蒙提拿破仑街（Via Montenapoleone）的时尚区有 8 分钟步行路程，距离米兰大教堂约 15 分钟的距离。酒店位于一栋历史悠久的建筑内，来到酒店，仿佛进入一座童话古堡。酒店内的每一间客房都以浪漫主义风格来装饰。

吃在米兰

Luini

- 🏠 Via S. Radegonda 16
- 🚇 乘地铁 1、3 号于 Duomo 站下车，后步行约 2 分钟可达
- ☎ （02）86461917
- 🕐 周一 10:00-15:00，周二至周六 10:00-20:00
- 🌐 www.luini.it

　　这是一家创立于 1888 年的手工传统特产店。这家餐厅就位于大教堂旁的巷弄内，此店最有名的是油炸三明治（Panzerotti），这种三明治，外皮炸得金黄金黄，里面包着香浓的干酪，堪称米兰特产。店里的生意非常好，中午或傍晚时常有很多的上班族或放学的学生大排长龙。

Princi

- 🏠 Via Speronari 6
- 🚇 乘地铁 3 号线在 Duomo 站下车，后步行约 1 分钟可达
- ☎ （02）87497
- 🕐 周一至周六 7:00-20:00
- 🌐 www.princi.it

　　只要一走过这家店就会被它橱窗内所陈设的糕点所吸引，首先你会驻足在橱窗前无法移动，继而又抵不住它的诱惑冲进去享受美味。这里最棒的莫过于草莓蛋糕（Fragolata），鲜美的草莓加上不油不腻、恰到好处的奶油，意大利最著名的提拉米苏也很不错。除了各式各样的意大利传统糕点外，这里还提供比萨饼和简餐，当然也别忘了尝尝它香浓的卡布奇诺。

Paper Moon

- 🏠 Via Bagutta 1
- 🚇 乘地铁 1 号线于 S.Babila 站下车，后步行约 1 分钟可达
- ☎ （02）76022297
- 🕐 12:00-14:30，19:00-23:30
- 🌐 papermoonmilano.com

　　这是一家专为时髦又漂亮的意大利人设计的店，比较热闹的时间约是午餐，因为附近的上班族喜欢来这里用餐。之所以叫作"纸月亮"，是因为这里的比萨饼皮细薄如纸。这间餐厅将自己归类为创意料理餐厅，既不属于餐厅也不属于比萨店，除了比萨饼外，店内最受欢迎的食物还包括一道加上烟熏培根与西红柿的新鲜意大利面，以及炖饭和提拉米苏等等。

Gelateria Arcade

🏠 P.tta Pattari 4
🚇 乘地铁 1、3 号于 Duomo 站下车，后步行约 5 分钟可达
☎ （02）72023388
🕐 周一 7:30-20:00，周二至周六 7:30-01:00

这是大家一致推举为米兰最好吃的冰淇淋店，价格合理，位于大教堂旁埃马努埃莱大道（Corso Vittorio Emanuele）后的幽静巷内，可以坐下来好好地品尝这永远令人无法拒绝的意大利冰淇淋。老板服务态度亲切，这里是拜访米兰绝不可错过的一个重要地点。

Bistrot Duomo

🏠 Via San raffaele 2（Palazzo della Rinascente）
🚇 乘地铁 1 号线于线在 Duomo 站下车
☎ （02）877120
🕐 周一至周六 12:00-22:00

这家餐厅就位于大教堂旁的文艺复兴百货公司 7 楼，所以最酷的就是它的景观，如果您不想花钱爬到大教堂上，不妨来此家餐厅来点个咖啡或饮料，不仅能坐下来享受美食，也可欣赏到哥特式大教堂之美。

Le Trattoir alla Darsena

🏠 Piazza XXIV Maggio 1
🚇 乘地铁 2 号线在 S.Agostino 站下，后步行约 10 分钟可达
☎ （02）8378166
🕐 11:00-2:00
🌐 www.letrottoir.it

餐厅热络的气氛和美味的食物令人食欲大开。装饰着大量画作的室内色彩缤纷，让人一入内就能感受到一股欢乐的气氛，各式各样的文艺活动与音乐表演，更让这间餐厅不时洋溢着小沙龙的情调。

Brek

🏠 Piazzetta Umberto Giordano
🚇 乘地铁 1 号线于 S.Babila 站下车，后步行约 2 分钟可达
☎ （02）76023379
🕐 11:30-15:00，18:30-23:00
🌐 www.brek.com

这家店就位于圣巴比拉（San Babila）广场旁，是一家自助式餐厅，提供意大利通心粉、生菜沙拉、甜点、饮料、面包等，可以自由点选喜欢的菜色，结账之后再自行找位置。食物的美味等级不能跟一般餐厅媲美，但是，就便利性而言，绝对可以省下许多时间，店里生意兴隆，尽量早一点或晚一点用餐，避免大排长龙。除了意大利面之外，餐厅另有比萨饼、沙拉、炖饭和甜点，每种都分量十足，让人大饱口福。

Rosticceria Fontana

🏠 Via Speronari 5
🚇 乘地铁 1 号线于 Cordusio 站或 3 号线在 Duomo 站下车，后步行约 4 分钟可达
☎ （02）86461372
🕐 周一至周六 8:30-14:30，16:00-19:30；注意国定假日与 8 月休息

这是一家非常小的意大利自助餐店，它的最大优点就是便宜。在这里可以非常便宜的价格吃到意大利菜，如意大利通心粉、米兰炖菜饭、奶油花椰菜、朝鲜蓟加橄榄油等，菜还需要稍微微波加热，建议你早一点去点菜，因为早一点菜色较多样，只能外带，否则店员会建议你挤在窄小的墙角吃。

Trattoria Ponte Rosso

🏠 Ripa di Porta Ticinese 23
🚇 乘地铁 2 号线于 Ponta Genova 站下，步行约 5 分钟可达
☎ （02）8373132
🕐 周二至周六 12:30-15:00，20:00-24:00
🌐 www.trattoriaponterosso.it

一群热爱美食与结交朋友的友人，在没有相关厨艺背景的情况下，于 2003 年创立了这家餐厅，尽管他是科班毕业，然而他们传承自母亲与祖母的料理，却受到当地人的欢迎。老板出身于渔港，店内的鱼类料理自然不错，此外餐厅还供应意大利面、鞑靼牛排等等，想一尝意大利历史悠久的美食文化，可别错过这家温馨的餐厅。

购在米兰

Salvatore Ferragamo
⌂ Via Montenapoleone 20
🚇 乘地铁 3 号线在 Montenapoleon 站或 1 号线在 S. Babila 站下，后步行约 3~5 分钟可达
☎ （02）76006660
🕐 10:00-19:00

　　意大利品牌菲拉格慕，其鞋子永远是值得采买的单品，因为皮鞋讲究以手工完成，仍坚持这个品牌一开始的构想。菲拉格慕旗下还包括男女服饰、皮革制品及包袋等。

VALENTINO
⌂ Via Montenapoleone 20
🚇 乘地铁 3 号线在 Montenapoleon 站或 1 号线在 S. Babila 站下，后步行约 3~5 分钟可达
☎ （02）76006182
🕐 周一至周六 10:00-19:00
🌐 www.valentino.it

　　华伦天奴是意大利著名时装设计大师，他在引领时尚潮流半个世纪后，于 2007 年宣布告别设计生涯。他的女装优雅华丽又不失性感，奥黛丽·赫本及英国女王伊丽莎白二世都曾是该品牌的使用者。

Versace
⌂ Via Montenapoleone 11
🚇 乘地铁 3 号线在 Montenapoleon 站或乘 1 号线在 S. Babila 站下，后步行约 3~5 分钟可达
☎ （02）76008528
🕐 周一至周六 10:00-19:30，9 月至次年 6 月周日 10:00-19:00

　　范思哲的创始人出生于意大利，该品牌包含香水、服装、眼镜、丝巾、包袋及寝具用品等，设计风格大胆、华丽，经典的标志包括希腊神话人物美杜莎的头像，目前该品牌由范思哲的妹妹打理。范思哲在澳洲还开设一家范思哲宫殿旅馆，结合时尚品牌与旅馆经营。

Gucci
⌂ Via Montenapoleone 5-7
🚇 乘地铁 3 号线在 Montenapoleon 站或 1 号线在 S. Babila 站下，后步行约 3~5 分钟可达
☎ （02）771271

⊙周一至周六 10:00-19:00
　　1921 年古驰设店于创始人的故乡——佛罗伦萨，创始人原在伦敦的旅馆工作，他从工作中接触到不少上流阶层人士，也慢慢了解到这些人对皮革制品的品位。而今世界各地都有古驰专柜，这个品牌的流行动向也成为大家注意的焦点。

Prada
🏠 Via Montenapoleone 8
🚇 乘地铁 3 号线在 Montenapoleon 站或 1 号线在 S. Babila 站下，后步行约 3~5 分钟可达
☎ （02）2771771
⊙周一至周六 10:00-19:30
　　普拉达原先是以设计旅行专用皮件产品起家，后来慢慢改变材质为尼龙布料，富有设计感的普拉达，最为人所熟知的款式之一就是黑色帆布包。如今已是意大利经典品牌之一的普拉达，在蒙特拿破仑大道周围设有许多专柜。

DOLCE & GABBANA
🏠 Venezia 13
🚇 乘地铁 3 号线在 Montenapoleon 站或 1 号线在 S. Babila 站下，后步行约 3~5 分钟可达
☎ （02）76028485
⊙周一至周六 10:00-19:30
🌐 www.dolcegabbana.com
　　杜嘉班纳品牌的由来是出自两位设计师杜梅尼科·多尔奇（Domenico Dolce）和斯蒂芬诺·嘉班纳（Stefano Gabbana），他们的作品性感独特且具备高水平的剪裁，深受好莱坞明星如麦当娜等人的喜爱。

Giorgio Armani
🏠 Via S. Andrea 9
🚇 乘地铁 3 号线在 Montenapoleon 站或 1 号线在 S. Babila 站下，后步行约 3~5 分钟可达
☎ （02）76003234
⊙周一至周六 10:00-19:00
🌐 www.giorgioarmani.com
　　此品牌由出生于意大利的乔治·阿玛尼（Giorgio Armani）所创，穿着乔治·阿玛尼已成为时尚与品位的表现，因而深受许多

上层人士喜爱。旗下副线品牌众多，除了这间旗舰店外，在附近还有一间专卖旗下副线品牌的商场。

周末集市
🏠 Viale Gabriele d' Annunzio
🚇 乘地铁 2 号线在 S. Agostino 站下
　　米兰在平日或周末都有一些固定集市，而这个大集市只在周六才有。集市分两大区，一区卖服饰及日用品，另外一区则专卖食品、花卉、水果、香料等。如果逛多了米兰精品店，不妨到这里来感受当地普通人的生活。

L' Emporio Isola
🏠 Via Prina 11
🚇 乘地铁 1 号线在 Cadorna 站下车，再搭路面电车 1 号至 Corso Sempione 站，下车后步行前往
☎ （02）3491040
⊙周一 15:00-19:30，周二至周六 10:00-19:30
　　这家奥特莱斯（Outlet）有两层楼，一楼是男装及女装用品区，二楼有一区专卖皮鞋、马靴等。有秩序的陈列，看起来同一般的服饰专柜无异。店内品牌包括莫斯奇诺（Moschino）、博柏利（Burberry）等，约在 4 折左右，有些品牌还能打到 2 折以下。

Il Salvagente
🏠 Via Fratelli Bronzetti 16
🚇 搭乘 60、62 号公交车在 Bronzetti Archimende 站下车
☎ （02）76110328
⊙周一 15:00-19:00，周二至周六 10:00-19:00
　　这家奥特莱斯从马路上看进去像是在地下室，并不醒目，只要从巷子进去就可以看到。这间店面较小，但是品牌不少，像是博柏利（Burberry）、D&G、古驰（Gucci）、范思哲（Versace）、普拉达（Prada）等服饰一应俱全，折扣从 6 折至 3 折都有，有时不到 70 欧元就可以买到一条名牌裤子，且可以试穿，因此店内总是人满为患。

曼托瓦

　米兰虽是伦巴第的省会，然而米兰领主斯福尔扎家族推动的文艺复兴，却仅如昙花一现般，尚未待其成熟，便遭外族占领，但位于该省南部的小山城曼托瓦并没有受到外族的影响，而独自发展出属于伦巴第文艺复兴的贡扎加（Gonzaga）文化。

　发源于曼托瓦山区的贡扎加家族，自1328年成为曼托瓦的首领后，便致力于将其宫廷范围往外扩张，由曼托瓦发展出来的伦巴第式文艺复兴品味——贡扎加文化，其影响力便遍及伦巴第地区。

　在14—18世纪的家族黄金岁月里，贡扎加家族把曼托瓦雕琢成伦巴第地区最精致的文艺复兴殿堂，足迹之深今日依然历历在目，谁也无法否定"曼托瓦是贡扎加的城市"这句话。贡扎加家族当初那种"城市即宫廷"的做法，使伦巴第最优雅的文艺复兴精致文化得以在曼托瓦得到最佳的诠释。

曼托瓦交通

如何到达——火车

　　从米兰的中央车站搭乘快速火车前往曼托瓦，车程约2~2.5小时，每天约有6班车前往。另外行经维罗纳和摩德纳（Modena）之间的火车也停靠曼托瓦。正确班次、详细时刻表及票价可上网或至火车站查询。

意大利国铁

🏠 Ferrovie dello Stato
☎ 848888088
🕐 7:00–21:00
🌐 www.trenitalia.com

如何到达——巴士

　　从布雷西亚（Brescia）和维罗纳均有巴士前往曼托瓦，布雷西亚几乎每小时都发车，维罗纳则每日有多班行驶，车程都约1小时30分。正确班次、详细时刻表及票价请至各巴士总站查询。从巴士站步行至市区约10分钟。

市区交通

　　位于意大利北部的小城曼托瓦面积比较小，景点分布集中，尤其以百草广场为中心。游客可以通过步行的方式游览大部分景点。漫步在这座城市的小街巷里，感受它的悠闲与宁静。

旅游咨询

游客服务中心

🏠 Piazza Mantegna 6
🚌 从市中心百草广场步行前往约1分钟可达
☎ （0376）432432
🕐 9:30–18:30
🌐 www.turismo.mantova.it

精华景点

百草广场
(Piazza delle Erbe)

🏠 位于市中心
● **圣洛伦佐圆形教堂**
🏠 Piazza delle Erbe
🕐 10:00-18:00，周一至周五 13:00-15:00 休息
¥ 免费

星级推荐

百草广场是曼托瓦的中心点，广场上有堆垛式外观及哥特式窗户者，是建于 1250 年的法庭——法理宫（Palazzo della Ragione），旁边的时钟塔（Torre dell'Orologio）则是由完成圣安德烈教堂的凡切利设计于15世纪，美丽的天文钟面，装饰的效果大过报时的作用。

圣洛伦佐圆形教堂（Rotonda di San Lorenzo）是广场上非常特殊的 11 世纪古建筑，由一道小小的斜坡延伸到圆圆的教堂入口，该教堂曾在 16 世纪时部分遭到损毁，并于 20 世纪初重建，教堂屋顶的 12—13 世纪壁画遗迹是罕见的伦巴第风格。

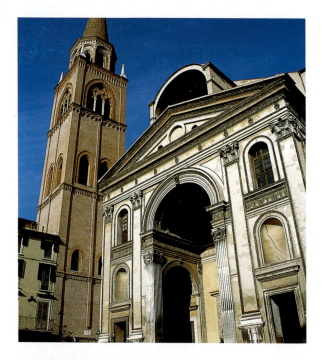

圣安德烈教堂
(Basilica di Sant'Andrea)

🏠 Piazza di Santa Maria Maggiore
🚇 从市中心百草广场步行前往约 3 分钟
🕐 8:00–12:00，15:00–17:00
💴 免费

　　此处为曼托瓦的宗教信仰中心，是由贡扎加家族的卢多维科二世，于 14 世纪委托莱昂·巴蒂斯塔·阿尔伯蒂 (Leon Battista Alberti) 所建，佛罗伦萨新圣母玛丽亚教堂正面的设计正是出于这位建筑师之手，但阿尔伯蒂旋即去世，所以由同样来自佛罗伦萨美第奇宫廷的凡切利 (Luca Fancelli) 完成。

　　教堂内部只有一条中央回廊，圣器室中保存着两只细颈圣油瓶，据说内部收藏沾有耶稣鲜血的泥土；教堂的钟楼则是属于旧建筑的遗迹，因此带有风格不同的哥特式样。画家曼特尼亚 (Mantegna) 长眠于教堂左侧第一个礼拜堂，坟墓上方有着这位北意大利文艺复兴艺术大师的半身塑像，礼拜堂内的壁画出自曼特尼亚自己的设计，但是最后由他的学生完成。

索德娄广场与主教堂 (Piazza Sordello & Duomo)	🏠 Piazza Sordello 🚌 从市中心百草广场步行前往约 3 分钟 🕐 广场全天 💴 广场免费

　　这片长方形大广场是曼托瓦在贡扎加时代重要的政治及经济中心，四周环绕着贡扎加家族祖先兴建的许多宫殿，以及众多因应旅游业而生的咖啡馆。广场上的主教堂（Duomo）13 世纪时兴建于古代小神殿的遗址上，一把 16 世纪中叶的大火将它烧得面目全非。如今整体表现出 3 种建筑形式：正面是 1545 年时由大建筑师朱利欧·罗马诺（Giulio Romano）以新古典风格重建的，左面有哥特式雕花装饰，钟楼则洋溢着浓厚的罗马风情。

布洛雷多广场 (Piazza Broletto)	🏠 Piazza Broletto 🚌 从市中心百草广场步行前往约 1 分钟 🕐 全天 💴 免费

　　这里与百草广场仅隔一道骑楼式建筑通道（Sottoportico），广场虽小但有两座重要建筑：行政首长宫（Palazzo del Podestà）和市民大会拱廊（Arengario）。

　　广场上的大理石雕是拉丁诗人维吉尔（Virgilio）的雕像，维吉尔就诞生于曼托瓦，他 16 岁时到罗马发展，以他最动人的歌喉唱出《牧歌》，表达童年在曼托瓦这片土地上最甜美的记忆，因而永垂不朽。

执政官宫
(Palazzo Ducale)

🚶 从市中心百草广场步行前往约 5 分钟

☎ （0376）224832、结婚礼堂英文预约专线（041）2411897

● 博物馆

🕐 周二至周日 08:15-19:15

💴 全票 6.5 欧元、半票 3.25 欧元，结婚礼堂预约费用 1 欧元

🌐 www.mantovaducale.it

这座位于索德娄广场上、由斯福尔扎家族所拥有的庞大建筑群，14 世纪时成为这个爱好绘画、建筑等各种艺术的家族的府邸，曾经一度是欧洲最大宫殿的它，占地面积广达 34 000 平方米。

贡扎加家族把这片建筑群设计成宫殿形式的城市，厅房多达 500 间，光住在里头的人就多达千人，它昔日富丽堂皇的程度，可以从 17 世纪时哈布斯堡家族为将收藏其中的上千件艺术品运走，足足用了 80 辆马车而看出。

在它开放参观的空间里，以结婚礼堂（Camera degli Sposi）与比萨内罗厅（Sala del Pisanello）最值得一看，结婚礼堂每天只开放 1 500 人参观，因此在 3—6 月以及 9—10 月旺季前往的游客一定要预约。该礼堂位于宫中的一座 14 世纪城堡——圣乔治城堡（Castello di San Giorgio）中，它最吸引人的地方在于曼特尼亚（Mantegna）绘制于 15 世纪的壁画，栩栩如生的画面令观赏者得以追忆卢多维科（Lodovico）侯爵和他家族的生活。比萨内罗厅中保存了这位画家的半成品，这些壁画在 1969 年时被发现，隐藏于两层灰泥下方。

泰宫
(Palazzo Te)

⌂ Viale Te

🚌 从市中心百草广场步行前往约 25~30
分钟，或是从火车站搭公交车前往

☎ （0376）323266

🕐 周一 13:00-18:00，周二至周日 9:00-18:00

¥ 全票 8 欧元、半票 5 欧元

🔗 www.itis.mn.it/ palazzote

星级推荐

泰宫位于曼托瓦的南部郊区，可说是贡扎加文化的结晶。1525 年由贡扎加家族钟爱的建筑师朱利欧·罗马诺，依照贡扎加的喜好设计而成，据说是花花公子弗德里科·贡扎加为他的情妇伊莎贝拉所建，当作躲避执政官宫严谨生活的度假离宫使用，或许正因为如此，泰宫里的设计充满了创意与趣味。

王宫历时 10 年才完成，充满风格主义味道，可谓朱利欧·罗马诺的代表之作。厅房内装饰着大量夸张的湿壁画，其中最令人叹为观止的是如洞穴般的巨人厅（Sala dei Giganti），一整片描述奥林匹亚山诸神大战巨人的壁画，由屋顶一直延伸到墙角，非常宏伟。马厅（Sala dei Cavalli）的墙上画的是斯福尔扎家族豢养的 6 匹顶级种马，它们以仿大理石、假廊柱、仿浅浮雕为背景，构成一整幅虚拟的画面。普赛克厅（Sala di Amore e Psiche）生动地绘制了一幅幅情色壁画，屋顶的绘画以爱神和普赛克（Psyche）为主题，同样出自朱利欧·罗马诺之手，四周的墙壁上则画满狂欢的婚宴场景。

那不勒斯

　　那不勒斯是意大利南部最大的城市，气候温暖，土地肥沃，还有优良的港口，但也因此招致许多外来势力的侵扰。最早是希腊人统治了这里，公元前7世纪时，希腊人将此地命名为"Neapolis"，300年后，换成罗马人主宰此地，奥古斯都大帝最爱到此避寒，后来伦巴第人及拜占庭帝国也先后统治过这里。

　　成为那不勒斯公国后，那不勒斯得到了自治的地位，但维持不了多久便再度易手于欧洲各皇室间。各民族为那不勒斯及南意大利带来不同的文化及生活痕迹，希腊、法国、西班牙的特点融合为一，特别是13—18世纪的欧洲品味，对这里产生了最为深远的影响，现今多数重要的建筑多兴建于该时期。不过，那不勒斯人也没有失去自己的特色，在17—18世纪的巴洛克时期，那不勒斯也发展出属于自己的文化艺术主张，王宫就是它最重要的代表作。

那不勒斯交通

如何到达——机场至市区交通

那不勒斯的卡波提吉诺机场（Aeroporto Capodichino），是前往南意大利的主要机场，欧洲各大航空（包括易捷等廉价航空）均有连结其他欧洲城市的航线。

机场巴士

该机场距离市中心北边约 7 千米，往来两者之间最便利的交通工具为巴士，由 ANM 公司经营的机场巴士 Alibus 往来于加里波第广场和机场之间，从 6:30-23:30 之间平均每 20 分钟发一班车，车程约 20 分钟，车资为 3 欧元。另可搭乘同样由 ANM 公司经营的市区 35 号巴士前往机场，同样在加里波第广场（Piazza Garibaldi）前搭乘，平均每 30 分钟就有一班车，车程约 20~30 分钟，单程车票为 1.1 欧元，详细时间与班次请上机场网站或向 ANM 公司查询。

出租车

搭乘出租车从卡波提吉诺机场前往那不勒斯市中心并不会比较快，然而费用却多上好几倍，约在 16~20 欧元之间。

如何到达——火车

从意大利主要城市或欧洲内陆前往罗马的火车一般都会停靠那不勒斯中央火车站（Napoli Centrale）。该车站坐落在加里波第广场，因此无论前往那不勒斯还是近郊都非常方便。部分火车会停靠在城市另一头的梅尔杰利纳火车站（Mergellina railway station），它与加里波第广场间有地铁可以连接。那不勒斯佛莱格雷营车站（Napoli Campi Flegrei）是那不勒斯另外一个重要的火车站。从罗马搭乘火车前往那不勒斯约需 2 小时的时间，详细火车时刻表及票价可上网或至火车站查询。

如何到达——巴士

所有前往那不勒斯的国际巴士、长途巴士，甚至许多区域巴士大都停靠在中央车站前的加里波第广场上，从这里可以转搭地铁或巴士前往其他地方。

如何到达——海运

前往那不勒斯除了上述的飞机、火车和巴士之外，还可以搭乘渡轮，卡普里、苏连多、阿马尔菲及附近小岛有渡轮前往那不勒斯新堡前的莫洛·贝维雷洛（Molo Beverello）码头，至于西西里岛或北非的长途渡轮，则抵达附近的另一个海运码头马里蒂马（Marittima），这些船票需在船务公司或代理旅行社购买。

市区交通

大众交通票券

那不勒斯的大众交通工具包括地铁、巴士和缆车，不过一般使用巴士和地铁的概率较高，这三种交通工具共用车票，在有效时间内（90分钟）除缆车只可搭乘一次外，地铁和巴士则可以无限次搭乘，成人单程每趟1.1欧元。另有交通周游券发售，分为1日券（3.1欧元）和3日券（20欧元）等等。第一次使用周游券时，必须在车上的打卡机上打卡，上面会显示使用的时间。虽然在这里搭乘大众交通工具不一定会设有验票闸口，但是如果被抽查到没买票，则罚款数倍，千万不要以身试法。

巴士

那不勒斯的景点不算集中，散落在几个不同的区块，像是旧市区、王宫区、圣塔露西亚港口以及圣埃尔莫堡一带等等，其中搭乘巴士是参观当地最简便的方式，特别是前往沿海一带的王宫区和圣塔露西亚港口，R2巴士广为游客所使用。由于巴士上不售卖车票，所以必须在公车站旁的自动售卖机或售票亭，以及香烟摊（Tabacchi）先行购买。

地铁

那不勒斯的地铁只有两条，分别为贯穿南北的Collinare线（Metropolitana Collinare）和横越东西的FS线（Metropolitana FS），其中FS线较为游客所使用，特别是往来于旧市区、圣埃尔莫堡以及加里波第广场之间。

出租车

在那不勒斯搭乘出租车务必确认司机按表计费，或是在上车前先谈好费用，部分游客经常前往的景点有公定价可以参考。出租车招呼站位于主要广场上，出租车费用平日从3欧元起跳，夜间则从5.5欧元起跳，必须注意的是当地有最低收费，约5欧元，即使不到这个价格也得支付，另外往来于机场之间必须外加2.6欧元。

旅游咨询

那不勒斯旅游客务中心

🏠 Stazione Centrale
☎ （081）268779
🕐 周一至周六 8:00-20:00，周日 9:00-14:00
🌐 www.inaples.it

游客服务中心（新耶稣教堂广场）

🏠 Piazza del Gesù Nuovo
☎ （081）5512701
🕐 周一至周六 9:30-13:30、14:30-18:30，周日 9:00-13:30

精华景点

王宫
(Palazzo Reale)

🏠 Piazza del Plebiscit
🚌 在加里波第广场搭乘 R2 巴士前往，于 Pza. Trieste e Trento 站下
☎ （081）400547
🕐 周四至周二 9:00-20:00
💴 全票 4 欧元、半票 2 欧元
🔗 www.palazzorealenapoli.it

那不勒斯王宫的正面外观相当壮观，有 8 尊象征那不勒斯王朝的大理石雕像，是那不勒斯巴洛克建筑的代表。王宫原建于公元 1600 年的西班牙统治时期，一直到 18 世纪之前，这里都是那不勒斯国王的住所，其中包括法国的波旁王朝以及萨沃伊家族（Savoia Family）。王宫内部设有一个小型的宫廷剧院，还有规模不小的国立图书馆（Biblioteca Nazionale），藏书多达 150 万册以上。另外，王宫内还展示了历代王室的起居室、客厅、卧房等，以及中世纪的家具、绘画、瓷器等艺术收藏品。

王宫前面的公民投票广场（Piazza Plebiscito）非常雄伟，广场两侧有壮观的弧形柱廊，正中央是模仿罗马万神殿建筑的圣弗朗切斯科—迪保拉教堂（San Francesco di Paola），和教堂后面沿坡而建的住宅非常接近，不论色彩和建筑形态都形成强烈的对比。

新堡
(Castel Nuovo)

🏠 Piazza Municipio
🚌 在加里波第广场搭乘 R2 巴士前往，于 Pza. Municipio 站下
☎ （081）4201241
🕐 周一至周六 9:00-19:00
💴 全票 5 欧元

　　新堡也称为"安杰诺城堡"（Castel Angioino），因为自公元 1282 年起，这座由法国安茹王朝的查理王所建的城堡，与那不勒斯湾另一座著名的城堡"蛋形城堡"齐名，过去曾当作王室居所。城堡门口有一座文艺复兴式样的凯旋门，建于 15 世纪，用以纪念西班牙阿拉贡王朝首位入主那不勒斯的阿方索一世（Alfonso I）国王，门上繁复的浮雕描绘着国王的胜利，上方还耸立着一尊圣米迦勒的雕像。

　　如今新堡内部被当作市立博物馆（Museo Civico）使用，位于底层的帕拉提纳礼拜堂（Capella Palatina）装饰着华美的 14—16 世纪壁画，以及文艺复兴风格的雕刻、玫瑰窗和大理石廊柱，上方楼层则收藏描绘那不勒斯历史的绘画，可以回溯该市 19 世纪时的城市景观。

漫游
意大利

翁贝托一世画廊
(Galleria Umberto I)

🏠 Piazza Trieste e Trento

🚌 在加里波第广场搭乘 R2 巴士前往，于 Pza. Trieste e Trento 站下

🕐 全天

¥ 免费

星级推荐

隔着圣卡洛路（Via San Carlo）和王宫对望的翁贝托一世画廊，就位于那不勒斯湾旁边市中心最热闹的里雅斯特和特伦托广场上。这座美丽的拱廊落成于1887年，外观类似米兰的维托里奥·埃马努埃莱二世长廊，里头同样聚集着商店和咖啡馆。尽管假日时画廊内的商店多不开放，就连咖啡座也大多堆于一旁，然而还是有许多家庭带着小朋友前来附近闲逛，有些小孩甚至在此玩起踢球游戏，俨然一处休闲场所。

圣塔露西亚港
(Porto Saint Lucia)

🏠	Passaggio Castel dell'Ovo
🚌	在加里波第广场搭乘 R2 巴士前往，于 Pza. Trieste e Trento 站下，后步行 10 分钟可达
🕐	全天
¥	免费

　　耳熟能详的民谣"圣塔露西亚"，描述的就是位于那不勒斯湾的这个小渔村，这里有着非常宁静美丽的海岸风光，可以眺望维苏威火山及那不勒斯湾的景致。一座桥梁通往海港中的梅格莱德（Megaride）小岛，岛上耸立着一座蛋形城堡（Castel dell'Ovo），这座兴建于 12 世纪的古城，位于圣塔露西亚港港边突出的堤岸上，最早是由法国诺曼底的威廉一世所建，很长一段时间都作为监狱使用，现在港口与城堡已成为那不勒斯代表景致之一。

国家考古博物馆
(Museo Archeologico Nazionale)

🏠 Piazza Museo 19
🚇 搭乘地铁 FS 线在 Piazza Cavour 站下，后步行约 5 分钟
☎ （081）4422149
🕐 周三至周一 9:00～20:00
💴 全票 6.5 欧元、半票 3.25 欧元
🌐 www.archeona.arti. beniculturali.it

星级推荐

　　距离加富尔广场仅百步之遥的国家考古学博物馆，虽然有个很严肃且无趣的名字，但其实馆内的收藏相当丰富多彩，是世界最重要的博物馆之一。馆里主要收藏从庞贝以及艾尔科拉诺等处挖掘出土的古物，也有其他古城的古希腊、古罗马时代艺术精品。

　　一楼以雕塑为主，最引人注目的是《赫尔克里士像》（*Ercole Farnese*），这尊精美的人体雕塑是拿破仑大肆掠夺意大利艺术品时的漏网之鱼，而《公牛像》（*Toro Farnese*），则是出自大师米开朗琪罗之手。馆内还展示出土自庞贝城的镶嵌画，这些马赛克镶嵌图虽然曾埋在火山灰中数百年，保存大多相当完好，色泽图样也都还栩栩如生。

地下那不勒斯 (La Napoli Sotterranea)	🏠 Piazza San Gaetano 68
	🚇 搭乘地铁 FS 线在 Piazza Cavour 站下，后步行约 10 分钟
	☎ （081）296944
	🕐 须随团出发，周一至周五每天 12:00、14:00、16:00 各有一梯次（周四多一梯次 21:00），周六和周日 10:00、12:00、14:00、16:00、18:00 各有一梯次
	¥ 全票 9.5 欧元、半票 8 欧元
	🌐 www. napolisotterranea.org

想要探访那不勒斯的历史，深入地下洞穴绝对是既新鲜又有趣的选择。那不勒斯的地底世界存在已久，几乎可说是和这座城市最初的创立一同成形，最早出现的地下洞穴可回溯到 5 千年前，古希腊人挖掘出大量的石头以兴建城墙和神庙，当然他们也创造了为数众多的地下墓穴。

如今在这条位于那不勒斯旧城历史中心地下 40 米的通道，犹如一条时空隧道，带领游客进入史前时代，从昔日的古希腊采石场、古罗马时期水道桥的地下供水道，到第二次世界大战时的炸弹……关于那不勒斯由古至今的历史几乎都可以在这里见到缩影。

圣洛伦佐教堂
(San Lorenzo Maggiore)

🏠 Piazza San Gaetano 316
🚇 搭乘地铁 FS 线在 Piazza Cavour 站下，后步行约 10 分钟
☎ （081）2110860
🕐 周一至周六 9:30–17:30，周日 9:30–13:30
💴 全票 9 欧元、半票 6 欧元
🌐 www.sanlorenzomaggiorenapoli.it

　　圣洛伦佐教堂同样位于圣加埃塔诺（San Gaetano）广场上，位于该广场另一侧的转角深处。这间哥特式教堂有着那不勒斯甚至全意大利都罕见的变异半圆室，最初历史回溯到 7 世纪时，传说薄伽丘曾经在此坠入爱河。

　　今日的建筑主体，主要落成于 13—14 世纪法国安茹王朝"睿智的罗伯"（Robert the Wise）国王统治期间，之后经过不断的整修与扩建，前身的罗马教堂遗迹仍部分保留于回廊中，一旁附属的博物馆中还可以看到出土于教堂下方的古罗马市场、古希腊市集等古迹。

大教堂
(Duomo)

🚇 搭乘地铁 FS 线在 Piazza Cavour 站下，后步行约 10 分钟

☎ （081）449097

🕐 教堂周一至周六 8:00-12:30、16:30-19:00，周日 8:30-13:00；洗礼堂周一至周六 9:00-12:30、16:30-18:00，周日 9:00-13:00

💴 教堂免费，洗礼堂 1.5 欧元

MUST-VISIT PLACES 必游之地

　　大教堂原名为圣热内罗教堂（Chiesa di San Gennaro），圣热内罗是那不勒斯的守护神，在公元 305 年时殉教，根据传说，她的遗骸曾被运往此处。如今教堂的圣热内罗礼拜堂中依旧收藏了两管圣人的圣血，每到了 5 月的第一个周六、9 月 19 日以及 12 月 16 日三天，凝固的圣血都会奇迹般地液化，如果圣血没有液化将会招致厄运，当地居民对此迷信深信不疑。

　　这间教堂打从 13 世纪开始兴建，原本哥特风格的建筑在 19 世纪末增添了今日所见的新哥特式立面。入内后，位于右手边的第三间礼拜堂，就是收藏圣血的圣热内罗礼拜堂，里头装饰着令人眼花撩乱的壁画，祭坛的后方有一尊银制的半身像圣骨匣，里头收藏着圣热内罗的颅骨。

　　和这间礼拜堂对望的则是圣复还教堂（San Restituta），原本是座兴建于 4 世纪的阿波罗神殿，现貌则是 14 世纪重建的结果，它原本是栋独立的教堂，同时也是那不勒斯最古老的教堂，如今和大教堂连成一气。在主祭坛侧有一座洗礼堂，里头保存了非常早期的基督教遗迹，包括一座据信来自酒神（Dionysus）神庙的洗礼台，和 5 世纪时的马赛克镶嵌画。

圣基亚拉教堂
(Santa Chiara)

- ⌂ Via Santa Chiara 49/c
- 🚇 搭乘地铁 FS 线在 Piazza Cavour 站下，后步行约 20 分钟
- ☎ (081) 5516673
- 🕐 周一至周六 9:30-17:30，周日 10:00-14:30
- 💴 全票 5 欧元、半票 3.5 欧元
- 🌐 www. monasterodisantachiara.eu

　　位于新耶稣教堂广场旁的圣基亚拉教堂外观看来并不起眼，是一栋造型简约的哥特式建筑，原本落成于 1328 年的旧教堂，却因 1943 年的空袭而毁于一旦，后来才以原本的样貌复建。

　　这间曾由法国安茹王朝使用的教堂，拥有一座非常美丽的回廊，18 世纪的彩色瓷砖，拼贴出一幕幕的昔日城市景观，色彩缤纷的廊柱和座椅间，错落着一棵棵柠檬树与柑橘树，给人远离尘嚣的舒适感。回廊的墙壁上绘满一则则出自《圣经》的故事，描绘着圣人的生平，内部的展览室中则展示昔日的教堂装饰，以及位于教堂底下的罗马遗迹，"睿智的罗伯"和多位安茹王朝的统治者均长眠于此。

圣埃尔莫堡
(Castel Sant' Elmo)

🏠 Via Tito Angelini 20

🚇 搭乘地铁 FS 线在 Montesanto 站下，后步行约 20 分钟

☎ （081）2294589

🕐 周三至周一 8:30–19:30

¥ 全票 3 欧元、半票 1.5 欧元

🌐 www.beniculturali.it

圣埃尔莫堡兴建于 14 世纪，一度被当成政治犯监狱的它拥有俯瞰那不勒斯市区街景的绝佳角度，如今内部除了收藏图书与档案外，也当作展览场所使用，偶尔还会举办音乐会或古董市集，不过游客来此一般多为了欣赏居高临下的风光，而非参观城堡本身。

173

圣马蒂诺博物馆
(Museo Nazionale di San Martino)

- 🏠 Piazzale San Martino 5
- 🚇 搭乘地铁 FS 线在 Montesanto 站下，后步行约 25 分钟
- ☎ （081）2294589
- 🕐 周四至周二 8:30-19:30
- 🌐 www.beniculturali.it

在圣埃尔莫堡的后方，有另一座宏伟的建筑——前身为 14 世纪修道院的圣马蒂诺博物馆，和那不勒斯的历史紧密相关。博物馆前方有一片平台，在这里可以眺望从市区一路延伸至那不勒斯湾的美景，进入中庭后欣赏到的景色更是宜人，让许多购票入内的人觉得值回票价，当然位于一旁的修道院教堂也值得一看，无论是色彩缤纷的铺面道路，还是主祭坛上方出自雷尼（Reni）之手的《牧羊人的崇拜》（*Adoration of the Shepherds*），以及礼拜堂中由当地艺术家创作的绘画作品等等，都让人感受到那不勒斯的艺术之美。博物馆收藏着法国波旁王朝的历史文物，还有一些那不勒斯大师的绘画与雕塑，透过某些画作可以一窥那不勒斯湾的昔日面貌。

 卡波迪蒙 美术馆
(Museo e Galleria di Capodimonte)

🏠 Via Miano 2

🚍 从加里波第广场前搭乘 M4 或 515 号巴士在 Porta Piccola 站下车，后步行约 5 分钟可达

📞 (081) 7499111

🕐 周四至周二 8:30–19:30

💰 全票 7.5 欧元、半票 3.25 欧元

🖥 www.museo-capodimonte.it

　　卡波迪蒙美术馆的前身，为 1738 年时波旁王朝的查理三世下令兴建的狩猎行宫，庭院效仿法国的凡尔赛宫，现在则改设为美术馆。美术馆庭院的一隅仍留有卡波迪蒙瓷器工厂的遗址，18 世纪时这里生产的瓷器举世闻名。由于位于北郊的山坡绝壁上，因此又有"云端上的博物馆"的称号。

　　美术馆内主要展示那不勒斯画派以及意大利重要的画作，如马丁尼的《道鲁兹的圣卢多维柯》（*San Ludovico di Tolosa*）、贝里尼的《圣灵显现图》，另外还有葛雷柯以及提香的作品。然而这儿最迷人的地方不只是美术馆内珍贵的收藏，还有广阔的林荫庭院和难得一见的绿地。

庞贝

　　从那不勒斯港口上岸，沿着海岸线往内陆走，拥有两个火山口的维苏威火山雄踞在港湾内侧，约莫30分钟的车程，火山横卧一路相伴，它就是1 000多年前那场世纪大灾难的"元凶"。公元79年8月24日，维苏威火山大爆发，山脚南麓的庞贝古城瞬间被埋没，火山灰厚达6米，庞贝也因此停滞在那个浩劫之日，直到17世纪被考古学家发掘，将近2 000年前都市的一砖一瓦、人们的一举一动，才得以重见天日。

　　庞贝在被埋没之前，因为制酒和榨油而致富，原本是一座十分忙碌的港口，当时正值罗马皇帝尼禄（Nero）时代，与罗马往来密切。而如今这座被火山灰封存的城市，向世人展现了比其他遗迹更人性的一面，除了一般罗马遗迹里经常看得到的神殿、广场、剧场、音乐厅等建筑之外，穿越棋盘状整齐分布的街道，一座商业城市该有的机能，例如银行、市场、浴场、商店等，在这里一点也不少。

庞贝交通

如何到达——火车

从那不勒斯可以搭乘国铁和私铁前往庞贝，私铁班次频繁且车站距离庞贝遗迹区也较近，每天 4:57-20:57 从那不勒斯中央车站下方的私铁加里波第车站发车，平均每 30 分钟一班车，车程约 45 分钟。正确班次、详细时刻表及票价可上网或至火车站查询，购票可至火车站柜台购买。

如何到达——巴士

除火车外，也可以搭乘巴士前往庞贝，SITA 巴士提供往返交通，车程约 35 分钟，营运于 5:30-20:30 之间，班次视高峰和离峰时段调整，大约 15 ~ 90 分钟发一班车。

SITA 巴士

 www.sitabus.it

市区交通

庞贝遗迹区的景点分布很集中，各个景点之间的距离较近，游客可以直接迈开双腿开始一次古遗迹之旅。从位于庞贝遗迹区西侧入口处的私人火车站下车，就可以步行前往至遗迹区。

旅游咨询

游客服务中心

 Via Sacra 1（位于庞贝的主广场上）

☎ （081）8507255

🕐 8:00-15:30

精华景点

庞贝
遗迹区
(I siti
archeologici)

☎（081）8575331
🕐 11 月至次年 3 月 8:30-17:00，4—10
月 8:30-19:30
💴 全票 11 欧元、半票 5.5 欧元；另有结合庞贝、
埃尔科拉诺、Oplonti、Stabia 以及 Boscoreale
等 5 个地点的联票，全票 20 欧元、半票 10 欧元，
有效期为 3 天
🌐 www.pompeiisites.org

必游之地 MUST-VISIT PLACES

　　由于庞贝几乎是一整座城市原封不动地被火山灰掩
埋，相较于世界其他考古遗迹，这里毋宁是更为人性的。
　　从它今日保留下来的轮廓中，可以描绘出庞贝当初
繁荣兴盛的模样，在这个人口粗估约 1～2 万人的城市里，
光是市民社交的酒吧就多达 99 间，而且多半位于街道交
叉路口；妓院则位于酒吧后头较隐蔽之处；面包烘焙屋里，
可以看到磨面粉的巨大石磨以及烤炉；有钱的富豪之家，
家里不但有花园、神龛、餐厅、厨房，更在门口地板上
贴有犬只的马赛克镶嵌画，以示"内有恶犬"……尽管
庞贝挖掘出来的精彩镶嵌画及重要文物，目前都收藏在
那不勒斯的国家考古博物馆里，然而透过这些建筑遗迹，
2 000 多年前的罗马生活似乎依旧历历在目。

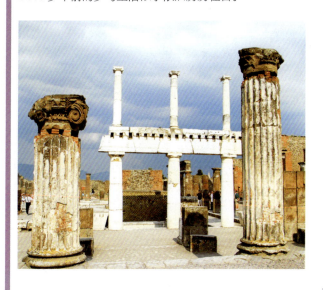

大广场 Forum

大广场坐落在两条主要干道的交叉点，是整座庞贝城的主要广场，也是市民生活的中心，禁止车辆通行，周边环绕着宗教、政治及商业性建筑，例如朱庇特神殿（Temple of Jupiter）、市场、尤玛奇亚之屋（Edicio di Eumachia）等。

大会堂 Basilica

大会堂建于公元前 2 世纪，呈长方形，当年是庞贝最大的建筑物之一，过去作为行政法院和商业交易所。残存的墙壁上还留有最早时期的装饰，从大会堂后方登上一座木梯，可以来到法官的座席。

阿波罗神殿 Temple of Apollo

这座多利克柱式神殿是庞贝最古老的宗教圣殿，据"存活"的装饰显示，建筑可以追溯到公元前 550—公元前 570 年，尽管目前所看到的建筑布局是到公元前 2 世纪才完成的。整座神殿结合了意大利风格（有前入口阶梯的墩座）和希腊元素（环绕的列柱廊），地板由钻石形状的彩石铺成，呈现出立体效果。立在两旁柱廊的雕像分别是手执弓箭的太阳神阿波罗和月亮女神狄安娜，

目前立在神殿的雕像是复制品，真品收藏在那不勒斯的博物馆中。

尤玛奇亚之屋 Edificio di Eumachia

女祭司尤玛奇亚是纺织工人的守护神，这栋女祭司尤玛奇亚之屋建于罗马皇帝特韦雷留时代。此屋最著名的便是正门精致的大理石浮雕，栩栩如生的花卉虫鱼鸟兽几乎可以以假乱真，让人联想到罗马奥古斯都时代的艺术形式。这栋建筑过去可能是毛料市集或是纺织公会总部。

史塔比恩浴场 Stabian Baths

这座浴场是庞贝城最古老的浴场，约建成于公元前2世纪，里面被分为男女两大区域，并包含了冷水浴（Frigidarium）、更衣室（Apodyterium）、暖房（Tepidarium）、热水浴（Caldarium）及公共厕所和游泳池。

码头及城墙 Port Marina & the City Wall

埃尔科拉诺（Ercolano）码头所在的城门，是庞贝7座城门中最壮观的一座，当年在海岸线淤积之前，船只可直达于城门下。今天依旧挺立的环状城墙，大约在公元前6世纪便已构筑，约有3000米长。

大剧场 Great Theatre

　　大剧场依天然的陡峭地势而建，建造时间可以追溯到公元前2世纪，呈马蹄状的剧场可以分成三个区，最底层部分铺着大理石，是行政长官和重要人物的保留座；贵宾席上方，由一道环形走廊隔开，属于一般观众席；至于舞台两旁的"包厢"是在奥古斯都时代才加上去的，也使得整个剧场的座位增加到将近5 000个。舞台背景幕所装饰的大理石和雕像，是公元62年大地震之后重建的结果。

朱庇特神殿 Temple of Jupiter

　　朱庇特神殿建筑年代约在公元前2世纪，从前阶梯可以走上一座高台，两道柱廊把神殿一分为三，并安放一座众神之王朱庇特的雕像，如今只残留其头像；后来这座神殿改为供奉卡皮托利诺山三神（Capitoline Triad），分别是朱庇特与其妻子朱诺（Juno）及手工艺女神密涅瓦（Minerva）。

农牧神之屋 House of the Faun

农牧神之屋占地2 970平方米，是庞贝最大的房子。入口处就可以看到这尊著名的农牧神铜雕，约在公元前2世纪所打造，真品目前收藏在拿波里博物馆，这栋别墅的名字便取名自这尊雕像。房子原为罗马贵族卡西（Casii）所有，里面有许多珍贵的马赛克地板和壁画，其中世界闻名的《亚历山大大战波斯王大流士》的马赛克画作，便是发现自这间别墅。

面包烘焙屋 Bakery

烘焙屋里主要由两种设备构成，一是火炉，一是石磨。砖头搭建的火炉，以木材作燃料，经过2 000年并没有太多改变，许多意大利乡村的火炉仍采用这种形式。石磨则是用坚硬、有气孔的溶岩制成，形状有如沙漏一般，并以骡子来拉动。烘焙屋里缺了柜台，也许是大量批发，或者靠小贩兜售。

悲剧诗人之屋 House of the Tragic Poet

这是最典型的中庭式屋子，尽管比起许多宏伟的住宅小得多。之所以取名悲剧诗人，主要来自于公众厅和列柱廊之间的一块马赛克画，上面描绘了剧场里上演古希腊悲剧的场景，当然，这块马赛克及其他画作也珍藏在那不勒斯的博物馆里。目前还留存在原址最著名的一幅马赛克，则是入口处一只拴着狗链的猛犬，上面刻着"CAVE CANEM"字样，意思是"小心内有恶犬"，当年这样的标识在庞贝相当普遍。

埃尔科拉诺

　　埃尔科拉诺位于意大利南部，位于那不勒斯和庞贝之间，和庞贝同样埋藏于维苏威火山公元 79 年那场惊天动地的爆发中，虽然它的名声没有庞贝来的响亮，然而其保存状况与前者相比，却是有过之而无不及。

　　不同于庞贝遭受火山灰的掩盖，埃尔科拉诺是被热腾腾的火山泥浆瞬间凝结，使得当时许多木造的房屋碳化，因而得以在 2 000 多年之后，依旧展现出完整的结构，直到 1709 年时才被考古学家发掘的它，目前只有部分临海范围挖掘出土，面积比庞贝来得小，也因此显得景点更为集中。

　　从埃尔科拉诺的房屋、建筑装饰上的雕刻可以看出，当地居民的生活相当富足，加之其地理位置临近那不勒斯湾，使得这座小城成为当时罗马贵族喜爱的度假地。

埃尔科拉诺交通

如何到达——火车

从那不勒斯搭乘前往索伦托（Sorrento）的私铁路线可抵达埃尔科拉诺，私铁班次频繁，每天5:11–22:44间从那不勒斯中央车站下方的私铁加里波第车站发车，平均每30分钟一班车，车程约17分钟。正确班次、详细时刻表及票价可上网或至火车站查询，车票可至火车站柜台购买。

如何到达——巴士

埃尔科拉诺距离那不勒斯大约10千米，除火车外也可以搭乘当地巴士前往，不过巴士站距离埃尔科拉诺的遗迹区有一小段距离，步行约需30分钟左右，因此不建议搭乘。

市区交通

私铁火车站（Staz. Erc. Scavi）距离遗迹步行大约10分钟左右，只需沿着车站外的主要道路一直往海边走去即可。

旅游咨询

游客服务中心

🏠 位于11月4日大道上（Via 4 Novembre），靠近火车站前的圆环附近

☎ （081）7881274

🕐 8:30–17:30

精华景点

埃尔科拉诺遗迹区
(Zone Archeologici)

- 🏠 Corso Resina
- ☎ （081）8575331
- 🕐 11月至次年3月8:30-17:00，4—10月8:30-19:30
- ¥ 全票11欧元、半票5.5欧元；另有结合庞贝、埃尔科拉诺、Oplonti、Stabia以及Boscoreale等5个地点的联票，全票20欧元、半票10欧元，有效期为3天
- 🌐 www.pompeiisites.org

星级推荐

　　一层厚达10～20米的火山泥浆，千年来安全地保护着埃尔科拉诺的遗迹，使得人们逐渐淡忘了这座古城的存在，然而每当当地居民挖掘地基、水道或是凿井时，总难免触及古城的部分建筑结构，不过这些片段却难以归类为考古活动，直到1709年时，因为奥地利王子爱尔鲍夫（Elboeuf）发现了深埋地底的古城剧院舞台墙，才使得这片遗迹重见天日，同时也展开了挖掘活动。

百眼巨人之家 Casa d'Argo

　　位于第三大道入口处左侧的这一大片区域，称之为百眼巨人之家，从今日残存的建筑遗迹不难看出，昔日必然属于一个富裕的罗马贵族家庭所有，这栋豪宅以回廊环绕着一座美丽的长方形中庭，造型设计巧妙。

木头隔间之屋 Casa del Tramezzo di Legno

　　外观拥有一扇大门和几户小窗的木头隔间之屋，里面至今依旧保存着几张椅子，以及几扇被保护于玻璃之下的原始隔间门。在这栋建筑的中庭右侧，有一间拥有屋顶方井和大理石蓄水池的大房间，里面装饰着马赛克镶嵌地板，还有一张小型阿提斯（Attis）雕像支撑的桌子。餐厅通往中庭，里面曾有一扇木头门隔开它与大厅，餐厅后方有一座柱廊庭院。

骨骸之家 Casa dello Scheketro

　　在百眼巨人之家斜对面的是骨骸之家，因为1831年时在该栋建筑的顶楼发现了人类的骨骸而得名。不同于庞贝的人们瞬间死于火山爆发，埃尔科拉诺的居民曾经试图逃跑，也因此在海边发现成批罹难居民的遗骸，直到后来才在遗迹区中又陆续发现人骨的存在。

　　这栋建筑共由三处独立空间组成，其中比较引人注目的是遮蔽屋顶的中庭，以及两座提供房间光线的小天井，此外在它典型的罗马别墅客厅中，有着罕见的半圆形天花板以及漂亮的彩色镶嵌地板。客厅面对着中央是有小水池的迷你中庭，中庭装饰着以伪眼法方式描绘的庭院风光。

特乐佛浮雕之屋 Casa del Rilievo di Telefo

特乐佛浮雕之屋是遗迹区中最优雅且最宽敞的滨海建筑之一，这栋两层楼高的建筑拥有一道林立着廊柱的中庭，装饰其中的残留浮雕描绘着昔日的双轮马车竞赛。一条通道通往围绕着水池花园的列柱廊，在某些房间里还可以看见昔日的绘画和马赛克镶嵌装饰，其中一个房间保留了一幅名为《特乐佛传说》的浮雕。

鹿屋 Casa dei Cervi

这栋双层建筑围绕着一座中央庭院，环绕四周的回廊装饰着色彩缤纷的静物画和小天使，鹿屋是埃尔科拉诺遗迹区中最著名的建筑之一。这栋奢华的别墅大约兴建于公元41—68年之间，延伸的附属建筑形成一个长方形，较长的那侧区分成两个区域：北侧包括大厅和房间，南侧则是俯视海景的露台，两者之间以一条朝四面八方开窗的柱廊连接。拥有屋顶的中庭装饰着黑白两色背景的墙壁，地上铺满了美丽的大理石装饰，因为在这间屋里发现了一座名为《受狗攻击的鹿》的雕刻，使得鹿屋拥有了今日的名称。

卡普里岛

　　卡普里岛位于那不勒斯湾南边，距离苏连多半岛约 5 千米，整个小岛面积约 10 平方千米。这美丽的岛有着许多如梦似幻的称号，有人称它为"蓝色之岛"，也有人称它为"睡美人岛"。这座美丽的岛有幸受到古罗马帝王的青睐，在这里建造了许多宫殿、别墅。19—20 世纪，世界各地的名人更是纷纷造访这座小岛。著名歌手格雷西·菲尔德斯（Gracie Fields）不但在此拥有别墅，更以一曲《卡普里岛》（The Isle of Capri）将卡普里岛的名号传遍全世界，岛上因而也度假屋林立，中心更有一条有白色房舍连结而成的精品街。

　　岛上共分为两个主要区域：东部的卡普里（Capri）及西部地势较高的山区安纳卡普里（Anacapri），其中又以卡普里镇为中心，这里也是岛上最热闹的地区。岛上共有两座码头：位于北方的大码头（Marina Grande）与南方的小码头（Marina Piccola），顾名思义，大码头为主要的运输码头，往返那不勒斯、苏连多及蓝洞的船只都由此出发。

卡普里岛交通

如何到达——水运

那不勒斯有水翼船（Hydrofoil）和渡轮（Ferries）前往卡普里岛，搭乘水翼船无论是班次还是时间都比渡轮来得密集和迅速。

水翼船

水翼船在贝威雷罗（Beverello）码头搭乘，有好几家船运公司经营往来于那不勒斯和卡普里岛的路线，因此几乎每30～60分钟就有一班船，一天约有20班船，航程约45～50分钟，各家票价相同，单程为16欧元。

渡轮

渡轮同样在贝威雷罗码头搭乘，不过一天只有3～5班，航程约80分钟，票价大概只有水翼船的一半。详细水翼船和渡轮时刻表与票价请上网查询。另外，从苏连多也有水翼船和渡轮前往卡普里岛。

CAREMAR
☎（081）5513882
🏠 www.caremar.it

岛上交通

卡普里岛分成东部的卡普里以及西部地势较高的山区安纳卡普里两个区域，前往东部卡普里的巴士站就位于面对堤岸的热闹大街上，也可以搭乘缆车上山，单程票均为1.4欧元，该班车也可以前往安纳卡普里，不过必须先经过卡普里镇。如果想直接前往安纳卡普里，可以在码头售票口旁较高处的巴士站等候直达的巴士，票价同样为1.4欧元。

卡普里和安纳卡普里之间同样

有巴士往来，前往卡普里的巴士在卡普里镇的 Pza.M.d'Ungheria 上下车，前往安纳卡普里的巴士则在维多利亚广场（Pza.Vittoria）前搭乘，单程票价为 1.4 欧元。

旅游咨询

码头堤道游客服务中心

🏠 Marina Grande

☎ （081）8370634

🕐 4—10 月周一至周六 9:00-13:00、15:30-18:45，周日 9:00-13:00；11 月至次年 3 月周一至周六 9:00-15:00

🌐 www.capritourism.com

翁贝托一世广场游客服务中心

🏠 Piazza Umberto I

☎ （081）8370686

🕐 4—10 月周一至周六 8:30-20:30，周日 9:00-13:00；11 月至次年 3 月周一至周六 9:00-13:00、15:30-18:45

安纳卡普里游客服务中心

🏠 Via G.Orlandi 59

☎ （081）8371524

🕐 周一至周六 9:00-15:00

精华景点

翁贝托一世广场
(Piazza Umberto I)

🏠 位于卡普里镇中心
🕐 全天
💴 免费

星级推荐

　　在翁贝托一世广场前方有一座大型平台，从这里可以俯瞰卡普里岛的港口景致，甚至连本岛也能尽收眼底。广场旁的阶梯通往耸立于高处的圣史蒂芬诺大教堂（Santo Stefano），这座教堂兴建于1685年，公元580年时，原本是圣本笃修会的修道院，如今教堂主圣坛前的地板，以色彩缤纷的大理石拼成，这些珍贵的石头取自裘维思宫（Villa Jovis）。裘维思宫是卡普里岛上最大且保留较为完整的罗马帝国时期皇宫，兴建于公元1世纪，直到18世纪才被发现，宫殿内最大的特色是拥有许多水槽，这是当时用来贮存雨水供食用或帝王沐浴所用。

奥古斯都花园 (Giardini di Augusto)	从翁贝托一世广场步行前往约 10 分钟
	日出到日落
	免费

　　想要欣赏卡普里岛最动人的景观，就不能错过奥古斯都花园，这处位于卡普里岛东南方的绿地，园内由肥沃的火山石灰土培育出许多美丽的花朵，不但能从制高点眺望造型犹如三角锥体的法拉可列尼巨岩 (Faraglioni)，还可以俯瞰岛上呈 Z 字形延伸的美丽道路。法拉可列尼巨岩原本是与卡普里岛相连的，但是在经年海蚀与风蚀的共同作用下，最终形成了这块独立于大海中的奇岩。巨岩平均高达 100 米，中间的岩石还自然形成一座美丽的拱门。

贾柯摩修道院
(Certosa di San Giacomo)

🏠 Viale Certosa 11
🚌 从翁贝托一世广场步行前往约 10 分钟
☎ （081）8376218
🕐 周二至周六 9:00-14:00，周日 9:00-13:00
💴 4 欧元

　　同一条路上与奥古斯都花园对望的贾柯摩修道院，兴建于 1363 年，后来又在 1553 年时重新修建。这座卡尔特式修道院的建筑外观相当优美，回廊与庭院交错其间，目前内部改为收藏多国语言藏书的图书馆以及学校，此外还有一小部分德国画家卡尔·迪芬巴赫（Karl Diefenbach）的抽象画，这位画家到 1913 年过世为止一直都住在卡普里岛上。

圣米迦勒别墅
(Villa S.Michele)

🏠 Villa San Michele V.le Axel Munthe 34
🚇 从维多利亚广场步行前往约 7 分钟
☎ （081）8371401
🕐 1、2、11 月和 12 月 9:00-15:30，3 月 9:00-16:30，
　4 和 10 月 9:00-17:00，5~9 月 9:00-18:00
💰 7 欧元
🌐 www.villasanmichele.eu

　　这栋位于树林间的幽静别墅，是 19—20 世纪享誉世界的瑞典医生兼作家阿克塞尔·蒙德（Axel Munthe）的故居，如今依旧是栋私人宅邸的它，以类似博物馆的方式对外开放。

　　阿克塞尔·蒙德前前后后总共在卡普里岛定居了长达 15 年之久，并写下了一本描绘个人生平的知名著作《圣米迦勒的故事》（*The Story of San Michele*）。这栋位于巴巴罗萨（Monte Barbarosa）山脚下的别墅，兴建于一座古罗马遗址上，阿克塞尔·蒙德请当地的农夫协助兴建房舍，而他自己则亲自监工，也因此在这栋建筑上保留了当地传统建筑技术的特色。至于内部的布置与装潢上，则采用了他从各地搜集而来的物品，包括从昔日遗址上寻获的罗马文物，如青铜塑像、科林斯式柱头、马赛克镶嵌、浅浮雕等，全跨越时空地聚集于此，或放置于咖啡桌旁，或悬挂于墙壁之上，或妆点着花园……展示出一种古今交融的风貌，形成了这栋别墅独特的魅力，你甚至可以在这里看见庞贝遗址中标示着拉丁文"内有恶犬"字样，并有拴着铁链的狗儿的马赛克地板镶嵌图案。

　　除了布置充满巧思之外，这栋光线明亮且空气流通的宅邸还有着非常棒的空间设计，特别是位于上层的半露天凉廊，几乎收买了所有人的心，白色拱廊围绕着一座小小的庭院，回廊中放置着多尊青铜或石刻雕像，洋溢着古罗马风情，然而继续延伸向前的通道，一边得以眺望无边无际的蔚蓝海景，另一边则是枝叶扶疏的花园。

　　通道走到底是圣米迦勒礼拜堂，由于想打造一座类似希腊神庙般朝向阳光、临近大海的建筑，阿克塞尔·蒙德选择在这处山丘转角设立礼拜堂，礼拜堂外的凉廊上盘踞着一尊望向远方的狮身女怪斯芬克斯（Sphinx），更增添了这栋别墅的异国风情。

索拉罗山
(Monte Solaro)

🚠 从维多利亚广场搭乘吊椅前往约12分钟

🕐 3—10月 9:30-18:30，11月 至 次 年2月 10:30-15:00

¥ 单程7欧元、来回10欧元

　　位于卡普里岛西侧的安纳卡普里，以维多利亚广场（Piazza Vittoria）为中心，大部分的餐厅以及商店都位于广场四周延伸出去的街道上。

　　在这里有一处缆车站，通往卡普里岛的最高峰索拉罗山，尽管这座山脉的高度不过600米左右，然而沿途的景观却非常优美，随着高度的爬升，将当地的白色房舍、绿意盎然的树林以及蔚蓝的海水踩在脚下，有一种在游乐场搭乘云霄飞车的感受，唯独速度较慢，航程也长得多，没有胆战心惊的体验，而是一派凉风吹来的快意。

蓝洞
(Grotta Azzurra)

🚌 从码头搭大船（11 欧元）到蓝洞附近，或从安纳卡普里的维多利亚广场前方的 Via Lo Pozzo 往下走，约步行 45 分钟可达蓝洞。到蓝洞洞口后，再转搭小船入内参观

🕐 9:00 至日落前 1 小时

💴 13 欧元

❗ 前往蓝洞最佳时间为 11:00-15:00；天气不佳时蓝洞可能关闭，特别是冬季开放的概率非常低

蓝洞曾经是罗马帝国时期王公贵族的私人澡堂，现在可是卡普里岛最热门的景点。其实卡普里岛周围共有 10 多个岩洞，不过其中以蓝洞最为美丽，这座由海水经年累月侵蚀而成的天然悬崖岩洞，由于洞底都是石灰岩，再加上光线由入口下方的开口射入，海水吸收光线中的红光，将蓝光反射在岩壁上，因此让整个岩洞散发着美丽的蓝光。

随着摇曳的小船慢慢滑入充满蓝光的海洞穴里，仿佛进入了一座神圣的蓝色神殿。进入洞内后，小船船夫会简单介绍蓝洞，接着各家船夫开始唱起动人的意大利民谣，让歌声伴随着惊叹连连的游客欣赏这当前美景。

不过想要造访这美丽之殿可得要天时地利人和，要祈求当天的海潮不是太高，洞口仍有足够的空间让人进入。可以进入的洞口并不太大，因此常是在船夫的一声令下，所有小船上的人全部躺平才得以入洞。而且光是要到洞口，就要先搭大船到蓝洞附近，然后再换小船慢慢滑入洞里。不过由于参观人数多且潮水高低不定，有时即使是到了洞口，仍要在小船内摇摇晃晃等很久。

巴勒莫

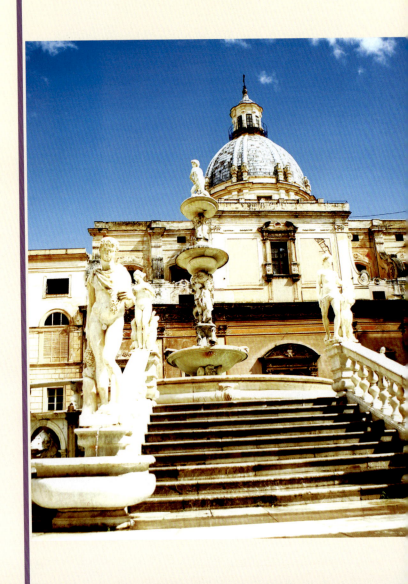

　　西西里（Sicily）是座处于地中海十字路口的巨大岛屿，自古以来，希腊人、腓尼基人、罗马人、阿拉伯人、诺曼人、西班牙人、法国波旁王朝等征服者来了又走，几经融合，使得西西里发展出自己独特的文化。

　　岛屿北边的首府巴勒莫，地形险要、湾阔水深，构成了一座天然良港，歌德曾称赞巴勒莫是"世界上最优美的海岬"。随着统治者的改朝换代，巴勒莫同样经历了多种宗教、文化的洗礼，市区建筑呈现截然不同的风格。普勒多利亚广场（Piazza Pretoria）、诺曼王宫（Palazzo Peale）、王室山（Monreale）、巴勒莫大教堂、巴勒莫大剧院，从阿拉伯到诺曼式，从仿罗马式到拜占庭式，从巴洛克到新艺术，展现出巴勒莫的丰富多元。

巴勒莫交通

如何到达——机场至市区交通

西西里岛的国际机场是位于卡塔尼亚（Catania）的卡塔尼亚国际机场（International Airport of Catania，简称CTA），这座机场有往返意大利及欧洲各大城市的航线。巴勒莫附近另有一座机场即巴勒莫机场（Palermo Airport），又名法尔科内·波尔塞里诺机场（Falcone-Borsellino Airport），位于蓬塔莱希（Punta Raisi），距离西西里首府以西31千米处，连接意大利国内主要城市。

机场巴士

由卡塔尼亚的卡塔尼亚国际机场可以搭乘Alibus巴士到卡塔尼亚市中心，再由此转搭巴士或火车到巴勒莫其他地方。从卡塔尼亚前往巴勒莫的巴士班次众多，几乎每小时都有一班车，车程约2小时40分。

在巴勒莫机场附近每30分钟就有一班Prestia & Comandè巴士往来于机场和市中心，营运时间为6:30-24:00，车程约45分钟，停靠海运码头（Stazione Marittima）和中央车站，单程票价为5欧元。

火车

从卡塔尼亚国际机场搭乘巴士前往卡塔尼亚国铁车站（Staz. F.S.）后，可换乘火车前往巴勒莫，一天有三班火车前往巴勒莫，车程约3小时30分。

从巴勒莫机场可搭乘快速火车（Trinacria Express）前往巴勒莫的中央车站，从6:30-24:00之间，平均每半小时发一班车，车程约40分钟，单程车票为5欧元。详细班次可自行上机场网站或是意大利国铁网站查询。

出租车

基本上，从卡塔尼亚国际机场搭乘出租车前往巴勒莫是不可能的。巴勒莫机场的出租车营运时间在6:00-24:00之间，从机场到中央车站费用大约45欧元，如果到埃马努埃莱大道（Corso V.Emanuele）则约需40欧元。

如何到达——火车

从意大利主要城市或是欧洲内陆前往巴勒莫的火车全都停靠于中央车站（Stazione Centrale），该火车站坐落于罗马路（Via Roma）的南端尽头，从这里可以搭乘巴士前往市区其他地方，其中101和102号巴士穿梭于罗马路和自由路（Via della Libertà），红线和黄线迷你巴士前往旧城。从罗马搭乘火车前往巴勒莫将近12小时，从那不勒斯前往则约需8小时40分的时间，详细火车时刻表及票价可上网或至火车站查询。

意大利国铁

🏠 Ferroviedello Stato

☎ 848888088

🕐 7:00-21:00

如何到达——巴士

所有前往巴勒莫的长途巴士或区域巴士几乎都停靠在中央车站东边的 Paolo Balsamo 路上，从这里可以转搭巴士前往其他地方。

如何到达——海运

前往巴勒莫除了上述的飞机、火车和巴士之外，还可以搭乘渡轮或水翼船，抵达克利斯皮路（Via Francesco Crispi）前的海滨车站（Stazione Marittima），从这里可以搭乘 101 或 102 号巴士前往罗马路或火车站。由那不勒斯搭乘渡轮到巴勒莫，大约需要 11 小时。

市区交通

巴士

巴勒莫的面积不大，此外景点也算集中，因此使用到巴士的概率并不高，除非前往近郊的蒙代洛（Mondello）或王室山（Monreale）。通常巴士会营运到午夜，周日会提早在23:30结束服务。

出租车

在中央车站外和主要的广场上设有出租车招呼站，也可以以电话叫车的方式要求提供服务。

☎ (091)513311/255455

旅游咨询

巴勒莫游客务中心

🏠 Piazza Castelnuovo 34

☎ （091）6058531

🕐 周一至周五 8:30-14:00、14:30-18:30

🌐 www.palermotourism.com

中央车站前游客服务中心

🏠 Piazza Giulio Cesare

☎ (091)6165914

🕐 周一至周四 9:00-14:00、15:00-19:00，周五、周六 8:30-20:30，周日 9:00-13:00、15:00-19:00

精华景点

诺曼王宫
(Palazzodei
Normanni
Palazzo
Reale)

🏠 Piazza Indipendenza 1
🚶 从大教堂步行前往约 10 分钟
☎ （091）591105
🕐 周一至周六 8:15-17:45，周日和假日 8:15-13:00
💴 周二至周四全票 7 欧元、半票 5 欧元，周五至周一和假日全票 8.5 欧元、半票 6.5 欧元
🌐 www.federicosecondo.org
ℹ️ 帕拉提纳礼拜堂在周日和特定假日的 9:45-11:15 之间因为举行宗教庆典之故，不对外开放。此外，议会活动期间王室居所也不对外开放

MUST-VISIT
PLACES
必游之地

外观貌似堡垒的诺曼王宫，挺立在巴勒莫历史中心，最早的时候，这里是迦太基和罗马的堡垒，9 世纪时，阿拉伯人更强化了它的防御功能。接着，诺曼人从北方下来统治西西里，他们用手工精巧的阿拉伯和拜占庭工匠，把这个地方改造成一座奢华的王宫，今天则是西西里地方政府所在地。建筑风格集拜占庭、伊斯兰及诺曼风格于一身。

整座王宫的瞩目焦点便在帕拉提纳礼拜堂（Palatina Capplla），这是当初最原始的建筑之一，可以溯及 1143 年，礼拜堂的基本结构大致是一座主殿，由两列花岗岩柱隔开两条走道，科林斯式石柱的柱头上贴满金箔，而礼拜

堂里，从地板、墙壁、栏杆到天花板，几乎每一寸都饰满珍贵的大理石及精美的黄金镶嵌画，镶嵌画全数是《圣经》里的故事，其中最显著的一幅便是主祭坛半圆壁龛上的《全能的基督》。旁边还有一座美丽的阿拉伯礼拜堂，其天花板满满装饰着钟乳石雕花般的木头雕刻，地上铺设着大理石拼花地板，一座高达 4 米的诺曼式大理石烛台令人印象深刻。

王宫中开放参观的部分还包括位于书店旁的昔日建筑大厅，这处被当成临时展览场所的地方，是 1560 年王宫部分重建时保留下来的旧建筑地基，过去曾当作城墙的军需品临时储藏库使用，后来一度被当成议会的会面大厅，如今天花板上残留着美丽的壁画，地下楼层还能一窥昔日城墙的遗迹。

新门
(Porta Nuova)

🚌 从大教堂步行前往约 10 分钟

从埃马努埃莱大道前往诺曼王宫以前，会先经过一道漂亮的城门，上方顶着一座尖塔的它装饰着美丽的马赛克拼贴，金色的老鹰在阳光的照射下闪闪发光。新门兴建于 16 世纪，属于西西里诺曼式与文艺复兴式建筑的融合风格，城门上方除了连拱回廊引人注目外，粗大的石块和巨大的雕像同样令人印象深刻。

巴勒莫大教堂 (Cattedrale)

🏠 Coro Vittorio Emanuele
☎ （091）334373
🕐 7:00-19:00，周日 7:00-13:00、16:00-19:00
💰 免费
🌐 www.cattedrale.palermo.it

必游之地
MUST-VISIT PLACES

诺曼人在 11 世纪拿下巴勒莫之后，开启了这座城市的繁荣年代，并创造出独特的阿拉伯—诺曼式建筑，其中的代表作便是这座大教堂。

教堂的主神是圣母玛丽亚，建于 1184 年，尽管它是诺曼建筑的代表作，然而经过这么多个世纪的演变，其实已经成了各种建筑风格的综合体。其外观大致呈现为 13—14 世纪的哥特式风格，尤其西面大门（位于今天的 Bonello 路上），包围着壮观的飞扶壁及两座高塔；南面的门廊于 1453 年增建，属于西班牙加泰罗尼亚哥特式（Catalan-Gothic）的杰作；在教堂后堂那端则是典型的诺曼风格，从建立之初到现在并没有改变太多，除了两座装饰着许多伊斯兰的建筑元素的瘦长塔楼；至于教堂的圆顶，是在 18 世纪才加上去的，包含教堂内部，都呈现为新古典主义风格。

目前教堂内部存放着诺曼王室的坟冢和石棺，至于"教堂地窖和宝藏室"则珍藏着亚拉冈（Aragon）王后的珠宝、一顶镶着宝石的王冠，以及巴勒莫守护神圣罗莎利亚（Santa Rosalia）的一颗牙齿。

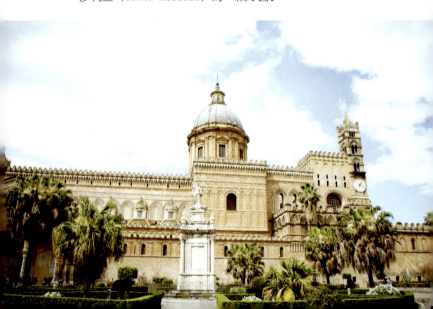

喜舍乔瓦尼教堂
(San Giovanni degli Eremiti)

⌂ Via dei Benedettini 3
🚌 从大教堂步行前往约 10 分钟
☎ （091）6515019
🕐 周一至周六 9:00-19:00，周日和假日 9:00-13:00
¥ 6 欧元

　　这间位于诺曼王宫附近巷弄里的小教堂兴建于 1132 年，外观简朴如碉堡的它，上方顶着五座红色的小圆顶，令人不难推测它的前身是一座伊斯兰教的清真寺。

　　喜舍乔瓦尼教堂的建筑反映了传统的伊斯兰风格，如唤拜塔般的塔楼、金银细丝工艺般的窗户，围绕着喷泉和柠檬树的美丽回拱廊，则令人联想起西班牙安达鲁西亚伊斯兰教建筑中的柑橘庭院。如今教堂以博物馆的形式对外开放，你可以透过残存于墙壁上的细致壁画，追忆它昔日的风华。

四角场
(Quattro Canti)

🚌 从大教堂步行前往约 10 分钟
🕐 全天
💰 免费

　　四角场正式的名称为维格莲纳广场（Piazza Vigliena），这座洋溢着巴洛克风情的广场，是玛格达公爵（Duke of Maqueda）于 1608—1620 年间命令朱利奥·拉索（Guilio Lasso）设计的城市计划，这四栋建筑外观看来类似，却装饰着不同的元素，底层各自以象征四季的喷泉为主题，第二层则是四位西西里的西班牙国王，最上层耸立着巴勒莫的四位守护圣人克利斯提纳（Cristina）、宁法（Ninfa）、奥利维亚（Olivia）和阿加塔（Agata）。这座广场在兴建之时，可是欧洲最主要的城市计划范例之一。

拉玛尔特拉纳教堂 (La Martorana)

🏠 Piazza Bellini 3
🚌 从大教堂步行前往约 10 分钟
☎ （091）6161692
🕐 周一至周六 8:00-13:00、15:30-17:00，周日 8:00-13:00

　　原名为海军上将的圣母玛丽亚教堂（Santa Maria dell'Ammiraglio）的拉玛尔特拉纳教堂，其名称来自于它的创立者，同时也是西西里国王罗杰二世（Roger Ⅱ）的希腊海军上将兼政要乔治·安提阿（George of Antioch）。15 世纪时，因为隔壁的拉玛尔特拉纳修道院接收了这间教堂，因而改名。

　　这间教堂以希腊和阿拉伯风格兴建于 12 世纪中叶，到了 16—18 世纪时因为重新整修的缘故，呈现了今日融合了巴洛克风格的面貌。不过这些变化并未改变内部的主体结构，教堂以希腊十字造型建成，东边有三座半圆形小室直接连接内殿，落成于 12 世纪的钟楼有着肋拱状的圆顶和纤细的廊柱。

　　这座教堂最引人注目的是装饰莫过于内部的马赛克镶嵌画，即使室内光线并不明亮，依旧可以看出它们金碧辉煌且富丽堂皇的模样，无论是主要圆顶还是四周的墙壁，都点缀着 12 世纪的希腊作品，而最原始的两幅镶嵌画就在教堂入口不远处的墙壁上，分别是下跪的乔治·安提阿（George of Antioch）将这间教堂献给圣母，以及即将获得耶稣基督加冕的国王罗杰二世。

圣卡塔尔多教堂
(San Cataldo)

🏠 Piazza Bellini 2

🚶 从大教堂步行前往约 10 分钟

☎ （091）6161692

🕐 3—10 月 周 一 至 周 六 9:00-14:00、15:30-19:00，周日 9:00-12:00；11 月至次年 2 月 9:00-14:00

💴 2 欧元

　　和拉玛尔特拉纳教堂同样位于贝尼里广场上的圣卡塔尔多教堂，拥有和喜舍圣乔瓦尼一样的红色圆顶，它是 1160 年时由另一位海军上将，同时也是威廉一世（William Ⅰ）大臣的巴里（Majone di Bari）创立的教堂，18 世纪时一度被当成邮局使用，所幸在 19 世纪时又根据原本中世纪建筑的模样重新进行了整修。

西西里大区美术馆
(Galleria Regionale della Sicilia)

⌂ Via Alloro 4
🚶 由大教堂步行前往约 20~25 分钟
☎ （091）6230000
🕐 周二至周六 8:30-18:30
¥ 全票 8 欧元、半票 4 欧元
🌐 www.regione.sicilia.it/beniculturali/
palazzoabatellis

　　坐落于一座 15 世纪宫殿中的西西里大区美术馆，收藏了一系列值得一看的中世纪艺术品。美术馆主要的馆藏，来自于一些王公贵族和地方要人的私人收藏捐献，起初是送给巴勒莫大学的礼物，后来随着艺术品不断增加，发展到了今日的规模。

　　西西里大区美术馆的分类简单清楚，地下楼层以雕刻作品为主，绘画则位于楼上，其中一幅独特的作品《死神的胜利》（*Trionfo della Morte*），展示于昔日的礼拜堂中，这幅 15 世纪的壁画几乎占满整座墙面，细腻的笔法带点抽象的味道。在众多的雕塑作品中，以 15 世纪出自弗朗西斯科·劳拉那（Francesco Laurana）之手的大理石半身像《阿拉贡的埃莉诺拉》（*Eleanora of Aragon*）最为出色，至于绘画作品则别错过一系列梅西纳（Antonello da Messina）的画作，其中以《圣告图》（*Annunciation*）最负盛名。

奇亚蒙特宫
(Palazzo Chiaromonte)

- 🏠 Piazza Marina 61
- 🚶 由大教堂步行前往约 20 分钟
- ☎ （091）6075306
- 🕐 周二至周六 9:00-13:00、14:30-18:30，周日 10:00-14:00
- 💴 全票 5 欧元、半票 3 欧元
- 🌐 www.federicosecondosri.it

在宁静的滨海公园旁坐落着几栋宏伟的建筑，其中这个装饰着马蹄形拱窗、洋溢着伊斯兰风情的碉堡形建筑物，是 14 世纪时奇亚蒙特家族的宅邸——奇亚蒙特宫，如今当作巴勒莫大学使用，仅有部分对外开放。

奇亚蒙特宫在西班牙人统治时期的 17—18 世纪间，被当成监狱使用，收监于此的犯人大都属于政治犯和思想犯，为了消磨漫漫长日，许多犯人在墙上画下了与宗教相关的壁画，像是圣人或耶稣受难等主题，至今依旧可以在墙壁上看见它们清晰的笔触。

建筑围着一座四方形中庭而立，环绕着一道回廊，在这里可以清楚看出诺曼风格的融合特色：哥特式的拱廊、14 世纪残存的壁画、19 世纪的屋顶……这里所有的廊柱柱头造型完全不同，因为是接收自其他的古迹建材再利用的。其中"大厅"最值得一看，在它屋顶的 24 根横梁上，全部彩绘着 1377—1380 年间出自西西里画家之手的绘画，题材来自《西西里之书》（*Big Book of Sisily*）中的故事与传说，至今依旧色彩缤纷。

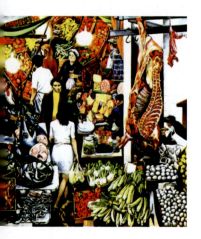

此外，另一个参观重点是西西里现代画家雷纳托·古图索（Renato Guttuso）的知名作品《维契里亚市集》（*Il Vucciria*），画家在 1974 年时画下这个位于奇亚蒙特宫附近的集市，保留了它传统面貌的最后影像，画面左侧的鱼贩是画家本人，黑衣白帽妇女则为他的老婆，至于以侧面或背面示人的女子代表他的情妇，她们身着象征意大利三色国旗的服饰。

巴勒莫大剧院
(Teatro Massimo)

星级推荐

🏠 Piazza Giuseppe Verdi
🚇 由大教堂步行前往约 20 分钟
☎ （091）6053521
🕐 周二至周日 10:00-15:00
🌐 www.teatromassimo.it

　　巴勒莫大剧院是欧洲第三大歌剧院，仅次于巴黎歌剧院和维也纳国家歌剧院，也是巴勒莫 19 世纪最重要的代表性建筑之一。当时正值西西里建筑史上最后一段黄金时期，新艺术和新古典主义建筑像野火般席卷整座城市。

　　当初建造这座歌剧院，是为了庆祝意大利统一，总共花了 22 年才完成。整座建筑由巴西莱（Giovan Battistta Basile）设计，并由他的儿子建造完成，当初为了容纳这座大型剧院，拆除了周边许多巴洛克时代的建筑。剧院占地达 8 000 平方米，立面呈新古典主义样式，宽阔的入口阶梯两旁由两头巨大的铜狮子坐镇，狮子上骑着两尊雕像，分别代表戏剧之神和歌剧之神。

王室山
(Monreale)

🏠 位于巴勒莫西南方向 8 千米处
🚌 在市区 Piazza Indipendenza 搭乘 389 号公交车前往，车程约 30 分钟
☎ （091）6404413
🕐 8:00-18:00
💰 大教堂免费，修道院 6 欧元

星级推荐

　　Monreale 的意思是"国王的山丘"，从山丘上，可以俯瞰巴勒莫海湾；又因为附近山坡种植许多柑橘，所以这个山谷也被称为"黄金盆地"（Conca d'Oro）。谷地里最重要的景点便是诺曼教堂（Santa Mario la Nouva），1172 年由诺曼国王威廉二世所建，后来也作为王室陵墓。

　　教堂风格与巴勒莫王宫里的帕拉提纳礼拜堂极为相似，但规模大得多，外观为大理石砌成，内部则是描绘《圣经・旧约》故事的黄金镶嵌画，共 42 幅，其中最著名的当属半圆壁龛上的《全能的基督》。教堂外也有一座回廊，由 228 根精雕细琢的柱子构成，融合了伊斯兰和仿罗马式风格。

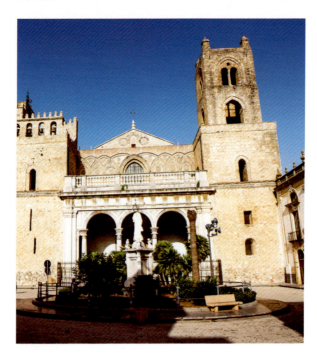

蒙代洛
(Mondello)

🏠 位于巴勒莫以北 10 千米处的郊区
🚌 从市区的 Piazza Sturzo 搭乘 806 公交车可达

　　蒙代洛是巴勒莫郊区最知名的度假区，佩勒格里诺山（Monte Pellegrino）和加洛山（Monte Gallo）一左一右，环抱着一湾湛蓝海水及白色沙滩。这里原本只是一座捕鲔鱼的泥泞小渔港，19 世纪末后，巴勒莫人驾着马车来到海边度假渐成风潮，于是人们在海岸边建造了新艺术风格的码头，并开发出拥有私人海滩的度假胜地。沿着滨海大道有许多海鲜餐厅，其中最知名的便是新艺术宫殿风格的查尔斯顿（Charleston），环境优雅且拥抱大片海景，旺季时一位难求。

阿格里真托

　　若说阿格里真托是"诸神的居所"并不夸张，因为这个城市的规模早在公元前就已建立，当时来自希腊罗得岛附近的殖民者，在两河之中建立了一座名为阿克拉加斯（Akragas）的城市，也就是今日阿格里真托的前身。

　　公元前5世纪起，它先后被迦太基人、罗马人占领，又历经拜占庭、阿拉伯王国的统治，但后来阿格里真托的重要性逐渐被西西里岛东岸的城市所取代，昔日繁华忙碌不再，只留下许多神殿遗迹。这些神殿如今已成为阿格里真托最重要的观光胜地，它们大多聚集于现今城市南面的谷地间，统称为神殿谷，许多建筑历史可回溯到公元前5世纪，被列入《世界遗产名录》。

　　当你穿梭于当地高低起伏的道路时，经常会因为远方出现于一片绿意中的神殿而惊艳，仿佛时光不曾流逝，而这正是阿格里真托之所以迷人的地方。

阿格里真托交通

如何到达——火车

从巴勒莫的中央车站可以搭乘火车前往阿格里真托，车程约2小时15分，每天约有10班车，另外也可从卡塔尼亚搭乘火车前往，车程约3小时30分。火车抵达位于旧城边缘的阿格里真托中央车站（Staz. Centrale），距离市中心不远，可以步行前往，或是乘巴士前往景点。

如何到达——巴士

乘巴士是前往巴勒莫最方便的方式，特别是在淡季的时候，Cuffaro巴士提供往返交通，车程约2小时30分，一天约有10班，班次视高峰和离峰时段调整，大约1~2小时发一班车。巴士停靠于阿格里真托旧城的罗塞利广场（Piazza Roselli），从这里可以步行前往市中心，或是转搭当地巴士前往。

Cuffaro 巴士

 www.cuffaro.info

市区交通

阿格里真托的主要景点都集中在神殿谷，可以搭乘1、2、5号巴士前往。

旅游咨询

游客服务中心

 Via Empedocle 73

☎ （0922）20391

◎ 周一至周五 8:00-14:00

精华景点

神殿之谷
(Valle dei Templi)

- 🚌 可搭乘 1、2、5 号巴士前往神殿广场，之后以步行的方式参观各景点
- ☎ （0922）26191
- 🕐 神殿区 8:30-19:00
- 💴 全票 8 欧元、半票 4 欧元，神殿区与考古学博物馆套票全票 10 欧元、半票 5 欧元
- 🌐 www.consorzioarcadia.it

神殿之谷是阿格里真托南面的一座小山丘，有希腊境外最重要的古希腊建筑群。这里最早的建筑可溯至公元前 5 世纪，之后虽然屡遭天灾、战火及基督教徒的破坏，但还算保存得相当完整；再加上位居山谷内的险要地势，一面可远眺阿格里真托市区，一面坐拥山谷绿地，还能远观地中海海景，因此参观起来令人感到相当心旷神怡。神殿之谷以神殿广场（Ple. del Templi）为中心，划分为东西两个区域，门票统一在东部区域的入口处购买。东部区域居高临下，拥有得以眺望远至海岸的景色，在这个区域里坐落着最古老的海克拉神殿、完美保存的谐和神殿，以及耸立于边缘的朱诺神殿。至于西部区域则散落着大量颓圮的遗迹，其中以残留巨石人像的宙斯神殿，以及仅存 4 根柱子的狄俄斯库里神殿最具看头。

海克拉神殿 Tempio di Ercole

海克拉神殿兴建于公元前 520 年，现在所看到仅存的 8 根廊柱，是经过英国考古学家哈德凯斯尔（Alexander Hardcastle）修复而成的结果，原先共有 40 根廊柱，撑起这座献给地中海世界中最著名的英雄大力士海克拉的神殿，不过如今许多都已倒塌。当然也有部分考古学家认为这座神殿其实是献给太阳神阿波罗，因为它和位于希腊德尔斐（Delphi）的阿波罗神殿有着类似的结构，但无论如何，即便至今依旧无法找出它倾倒的原因，海克拉神殿依然是阿格里真托最古老的一座神殿。

狄俄斯库里神殿 Tempio dei Dioscuri

狄俄斯库里神殿供奉的是西西里的农业之神，建于

公元前 5 世纪，在战争中几乎被破坏殆尽，1832 年时曾作修复，但目前仍只剩下 4 根殿柱支撑着残留的神殿。

谐和神殿 Tempio della Concordia

大约兴建于公元前 430 年的谐和神殿，是西西里岛规模最大，同时也是保存最完整的一座神殿，如果就古希腊神殿来说，它保存完整的程度仅次于雅典的帕特农神庙。谐和神殿拥有绝佳的视野，可以俯视阿格里真托一带绵延的城市景观与海岸。虽然是座神殿，却在公元 596 年时因为当时教皇的一声令下，摇身一变成了圣保罗圣彼得大教堂，也因此有了某些变动，例如地下有坟墓，此外还设有部分秘室等等。18 世纪时，谐和神殿以原本的设计重新整修，也因此今日才能有如此完整的结构。

宙斯神殿 Tempio di Giove Olimpico

又名朱庇特神殿的宙斯神殿是西面区域最重要的神殿遗址，建于公元前 480 年左右，是当时最大的多利克式神殿，不过却从未落成，再加上多次地震的破坏，现已面目全非，所幸当初的石头底座依旧保存了下来，因而可以得知它当初宏伟的规模，如果建成将是一座长约 113 米、宽约 56 米的建筑。

宙斯神殿据推测约有 10 层楼高，其圆柱高度达 18.2 米，整座建筑都以巨石人像（Telamone）作为支撑，这种人形巨柱得以分散建筑的重量，其中有一块高约 8 米的巨石人像还留存至今，现收藏在考古博物馆中，神殿旁则有一尊复制品。

朱诺神殿 Tempio di Giunone

位于东部区域最边缘地带的朱诺神庙，是献给朱庇特的妻子朱诺的，她同时也是希腊万神殿中的主神。朱诺神殿兴建于公元前 470 年，虽然上部结构都已消失，然而大部分的圆柱却还保存完好。这些柱子于 18 世纪时重新放回原地，柱基长约 38 米、宽约 17 米，柱子高度更高达 6.4 米，而它也是阿格里真托所有神殿中视野最好的一座。

考古博物馆
(Museo Nazionale Archeologico)

- 可搭乘 1、2、5 号巴士前往
- （0922）26191
- www.consorzioarcadia.it
- 考古博物馆周日和周一 9:00-13:00，周二至周六 9:00-19:00
- 全票 6 欧元、半票 3 欧元，神殿区与考古学博物馆套票全票 10 欧元、半票 5 欧元

　　在市区与神殿群之间的路上，有一座考古博物馆，是西西里岛的第二大博物馆，馆内收藏大量在阿格里真托以及附近区域出土的文物，其中包括年代可回溯到公元前 6—公元前 3 世纪的瓶瓮、大大小小的雕像、石棺以及陪葬用品，当然还有最著名且硕果仅存的巨石人像，在参观神殿之前可以先花点时间看看考古博物馆，可以对神殿的历史、建筑更加了解。博物馆旁边有个一座公元前 1 世纪的小神殿，以及可容纳多达 3 000 人的古希腊圆形集会场所（Ekklesiaterion），该集会场所兴建于公元前 4—公元前 3 世纪之间，是西西里岛上保存最完整的古希腊时期公共建筑，至今还可以看见上方的马赛克镶嵌画。